Zehntes Wort

Über Gott und das Leben nach dem Tod

ÜBERSETZUNG *Islamische Akademie für Bildung und Gesellschaft (abg) e.V.*

VORWORT & KOMMENTAR *Maximilan Friedler*

HERAUSGEBER *Dr. Arhan Kardaş*

REDAKTION *Rümeysa Bağ, Kübra Dalkılıç*

LEKTORAT *Lenius Hirschberger*

SATZ *Onur Alka*

COVER *Yavuz Aydemir*
Onur Alka

Linemarketing GmbH
Wilhelmstr. 29 A/2 – 13593 Berlin
www.deinbuchshop.de
ISBN: 978-3-946871-54-5
Druck: Deutschland

Bediuzzaman
Said Nursi

Zehntes Wort

Über Gott und das Leben nach dem Tod

Mit Vorwort und Kommentar von
Maximilian Friedler

Inhalt

Über Gott und das Leben nach dem Tod

Anmerkungen zum zehnten Wort

DAS ZEHNTE WORT IST SOWOHL RHETORISCH ALS AUCH inhaltlich eine der anspruchsvollsten Abhandlungen des Lehrmeisters. Er bringt in ihr Argumente für die Wiederauferstehung und für das Leben nach dem Tode ebenso vor wie Argumente für die Existenz des Schöpfers und für die Notwendigkeit der Prophetie. Hinzu kommen Reflexionen über den Sinn des Lebens und des Todes, die Vergänglichkeit und Ewigkeit, kosmologische Prozesse und deren Deutungen hinsichtlich des Lebens nach dem Tod. Da diese Abhandlung äußerst tiefgründig, aber auch schwer zu verstehen sind, haben wir die Schachtelsätze wo möglich in kleinere Abschnitte geteilt. Die Erklärungen im Fußnotenapparat, die inhaltlich so wertvoll sind, dass sie zumeist selbstständige Abhandlungen ausmachen, haben wir in den Haupttext eingegliedert. Mithilfe von Zwischenüberschriften kennzeichnen wir sie entweder als ergänzende, erklärende Lektüre oder als Exkurse, die vom Hauptthema abweichen.

- Das Zehnte Wort besteht hauptsächlich aus drei Teilen; Geschichten, Zeichen für die Deutung dieser Geschichten und die übertragenen Sinngehalte der Geschichten, die Wahrheiten. Dazu kommen ergänzende Anhänge. Wir haben lediglich den Hauptteil übertragen. Der Lehrmeister zeigt darin zwölf verschiedene Bildszenen einer einzigen Allegorie. Anschließend deutet er diese Bildszenen in zwölf Wahrheiten aus. Bevor er die Geschichten deutet, erklärt er in einem langen Überleitungskapitel, das aus vier Zeichen besteht, seinen Schlüssel für die Deutungen. Da aber zwischen der ersten Bildszene bis zur ersten Deutung der Bildszene mindestens 30 Seiten liegen, haben wir die Wahrheiten unmittelbar an die jeweiligen Bildszenen angeschlossen (Erste Bildszene, erste Wahrheit), sodass unsere jungen Leser leichter Zugang zum Text finden.[1] Der Text des Zehnten Wortes wurde vollständig übersetzt, allerdings wurden die Paragrafen thematisch neu geordnet, um einen einheitlichen und lesertauglichen sowie sprachlich weniger anspruchsvollen Gesamttext herzustellen. Dies ist ganz im Sinne des Lehrmeisters, der am Anfang der Abhandlung sagt: „Wenn ihr in einfacher und allgemein verständlicher Sprache und auf deutliche Art die Klärung der Frage nach der Auferstehung und der Versammlung nach dem Tod und dem Leben im Jenseits verstehen möchtet [...]".

Die Hauptallegorie des Zehnten Wortes speist sich von der Allegorie der Sure el-Kehf

Der Lehrmeister bedient sich einiger Parabeln des Korans, u. a. der aus El-Kahf 18:32 – 42. Die Hauptallegorie des Zehnten Wortes soll im Zusammenhang der folgenden Verse studiert werden:

1 Hierzu ist anzumerken, dass der Lehrmeister die Bildszene acht erst in der Wahrheit neun ausführt und die Bildszene neun in der Wahrheit zehn und einige Teile der Bildszene acht in der elften Wahrheit ausdeutet. Deshalb haben wir die Nummerierung der Bildszenen für maßgeblich gehalten und die Wahrheiten ihnen entsprechend neu nummeriert.

„Trage ihnen das Gleichnis von zwei Männern vor: Dem einen von ihnen gestalteten Wir zwei Rebgärten und umgaben sie beide mit Dattelpalmen, und zwischen beide legten Wir ein Getreidefeld. Jeder der beiden Rebgärten brachte seinen Ertrag hervor, ohne dass es an etwas gemangelt hätte. Und wir ließen inmitten von beiden auch einen Fluss hervorsprudeln. So hatte dieser Mann also Früchte (im Überfluss), und eines Tages sagte er zu seinem Gefährten, während er sich mit ihm unterhielt: ‚Ich besitze mehr an Reichtum als du und bin mächtiger an Gefolgschaft (Kindern und jenen, die für mich arbeiten). Er ging in seinen Rebgarten, während er sich selbst Unrecht tat (in seiner törichten Selbstüberschätzung).

> Er sagte: „Ich glaube nicht, dass dies jemals zugrunde gehen wird. Und ich glaube auch nicht, dass der Jüngste Tag je kommen wird. Doch selbst wenn (er kommen sollte, und) ich zurückgebracht werde zu ‚meinem Herrn', dann werde ich bestimmt etwas Besseres als dies als Ersatz vorfinden. Sein Gefährte sagte zu ihm, während sie miteinander redeten: „Glaubst du etwa (indem du eine solche Undankbarkeit zum Ausdruck bringst) nicht an Ihn, der dich aus Erde erschaffen hat, dann aus einem einfachen Tropfen Samenflüssigkeit und dich dann zu einem vollkommen Menschen geformt hat?"

So behandelt der Lehrmeister in dieser Abhandlung vor allem die Existenz des Schöpfers und damit verbunden die Argumente für die Wiederauferstehung und das Jüngste Gericht.

Basiswissen über teschbīh (Vergleich), temṯīl (Gleichnis), kināʾiyyāt (Metonymie):

Der Lehrmeister hat bereits vor 1926 Kernaussagen dieser Abhandlung auf ungefähr zwanzig Seiten in einem arabischsprachigen Aufsatz mit dem Titel *Lāsiyyemāt* („Die Insbesonderen“) publiziert, ohne sich dabei Vergleiche, Angleichungen, Gleichnissen oder Allegorien zu bedienen. Da er aber im Zehnten Wort vor allem diese rhetorischen Mittel anwendet, bedarf es einer kurzen Erklärung, was Vergleiche *(teschbīh),* Assimilationen *(temṯīl)* und Metonymien *(kināye)* sind.

- *teschbīh* bedeutet zwischen zwei Dingen oder Sachverhalten Gemeinsamkeiten finden, etwas assimilieren, grob übersetzt „angleichen“ oder vergleichen. Ein Vergleich besteht aus vier Elementen: der Vergleichende, der Verglichene, Vergleichspartikel und *tertium comparationis (der Aspekt des Vergleichs).* Der Satz „Karl ist tapfer wie ein Löwe“ ist ein Vergleich.
- *temṯīl* bedeutet im lexikalischen Sinne Assimilation, Vergleich, Vorführung, Darbietung, Analogieschluss. Terminologisch ist es ein Gleichnis, in dem ein Vergleich in einem allegorischen Szenario dargeboten wird. Hierzu wird eine Tatsache als eine Allegorie dargestellt.
- Bei den Allegorien *(teschbīh-i temthīlī)* handelt es sich um einen Vergleich, in dem nicht nur ein Ding, sondern mehrere Dinge mit mehreren Dingen verglichen werden. Platons Höhlengleichnis ist eine Allegorie.
- *kināye* bedeutet Andeutung, Anspielung, Metonymie.

Sie besteht aus zwei Komponenten: *meknī bih* (Wortlaut) und *meknī ʿanh* (angedeuteter Sinngehalt). Je weniger Vergleichskomponenten vorkommen, desto mehr kommt die übertragene Bedeutung bzw. Metonymie *(medjaz-i mursel/mana-yi medjazi)* zum Vorschein.

- Während der Satz „Karl ist so tapfer wie ein Löwe" ein Vergleich ist, ist „Karl ist ein Löwe" eine Metonymie. *Animal Farm* ist ein Gleichnis, ebenso wie die Geschichten des Zehnten Wortes. Es besteht aus einer Allegorie, in der mehrerer Dinge mit mehreren Dingen verglichen werden, sie ist also ein *teschbīh-i temthīlī*. Nur sind die Vergleichspartikel dieser Allegorie so verborgen, dass sie mit sämtlichen ihren Bildszenen als Metonymien darstellen.

Was sagt der Lehrmeister selbst über die Natur von Allegorie und Geschichte im Zehnten Wort?

Frage: Geschichten gehören ins Reich der Fantasie, oder?

[...] du bietest außerdem manche Analogien in Form allegorischer Geschichten, Gleichnissen dar. Geschichten gehören jedoch ins Reich der Fantasie, sie sind weder Wahrheiten noch entsprechen sie der Realität.

Antwort: Geschichten sind Metonymien, die auf die übertragenen Sinngehalte hindeuten

[...] In der Wissenschaft der Sprachkunst wird ein Wort bzw. eine Phrase, die eine andere Bedeutung als ihre ursprüngliche ausdrückt und lediglich als Mittel zur Erwägung dieser anderen Bedeutung dienen soll, als „metonymisches Wort" bezeichnet. Die Verifizierung oder die Falsifizierung der Aussagen solcher Wörter erfolgt nicht nach der ursprünglichen, sondern nach der übertragenen Bedeutung. Wenn ihre metonymische Bedeutung der Realität entspricht, sind diese Wörter oder Phrasen richtig, selbst wenn ihre ursprüngliche lexikalische Bedeutung nicht die Realität bezeichnet. Entspricht jedoch die metonymische Bedeutung der Realität nicht, gelten diese Sätze als falsch, selbst wenn die ursprüngliche lexikalische Bedeutung richtig ist.

[„Er hat einen langen Arm" als Redewendung hat eine metonymische Bedeutung. „langer Arm" steht für Einfluss und Macht. Gemeint ist also eine mächtige und einflussreiche Person, selbst wenn sie einen physischen kurzen Arm oder überhaupt keine Arme hätte. Wäre sie aber nicht einflussreich und mächtig, gilt dieser Satz als nicht verifiziert, selbst wenn sie tatsächlich einen langen Arm hätte.]

Die Geschichten und Gleichnisse des Zehnten Wortes dienen als Metonymien

- Die analogischen Erzählungen und Allegorien z. B. im zehnten und im zweiundzwanzigsten Wort enthalten ebenfalls Metonymien und Metaphern. Die *Wahrheiten,* die den Geschichten und Gleichnissen folgen, sind im äußersten Sinne wahr und entsprechen der Realität vollkommen. Diese Wahrheiten machen die metonymischen und metaphorischen Bedeutungen der Geschichten aus. Ihre ursprünglichen, lexikalischen

Bedeutungen sind wie Teleskope, d. h. Mittel, um die fernen Wahrheiten näher betrachten zu können. Es würde auch nichts ausmachen, wenn die lexikalischen Bedeutungen nicht der Realität entsprächen. Denn ihre metonymischen Bedeutungen sind verifiziert und wahr. Zudem sind diese Erzählungen Gleichnisse. Um die wahren Bedeutungen allgemein zugänglich und verständlich zu machen, wird lediglich die *Wesenssprache* (der Geschöpfe) in *verbaler Sprache* wiedergegeben. Abstrakte bzw. immaterielle Phänomene (Ideen, Gesellschaften, Eigenschaften, metaphysische Veranlagungen oder abstrakte Begriffe) wiederum werden personifiziert, konkretisiert und als materielle Personen bzw. Gegenstände versinnbildlicht.

Warum Gleichnisse in Form von Geschichten?

- So schrieb ich die Vergleiche *(teschbīh)* und Allegorien *(temṯīl)* dieser Abhandlung in Form von Geschichten, um sie leichter verständlich zu machen[2] und um zu zeigen, wie vernünftig, passend, unerschütterlich und stringent die Wahrheiten des Islams sind.
- Der Sinngehalt bzw. die Deutung dieser Geschichten steckt in den Wahrheiten, die sich am Ende ergeben. Die Geschichten deuten als metaphorische und metonymische Anspielungen *(kinā'iyyāt)* auf diese Wahrheiten hin. Insofern handelt es sich bei den Geschichten

---

2 Ein Verweis auf Az-Zumar 39:27: „Wahrlich, Wir haben für die Menschen in diesem Koran allerlei Gleichnisse geprägt und Vergleiche angestellt, damit sie nachdenken und sich in Acht nehmen."

nicht um schlichte Fantasien, sondern vielmehr um pure Wahrheiten.

Warum Samenkörner, Blumen und Früchte?

- Fragt man mich, warum ich hauptsächlich Beispiele von Samenkörnern, Blumen und Früchten anführe, so lautet dann meine Antwort: Bei ihnen handelt es sich um die wunderbarsten Antiquitäten und feinsten, hervorragendsten, lieblichsten Wunder der Macht Gottes. Trotzdem sind die Naturalisten, Menschen der Verkennung und materialistischen Philosophen in den Tiefen dieser Wunder ertrunken und in den Sumpf des Naturalismus gefallen, weil sie nicht in der Lage waren, die mit der Feder der Bestimmung und Macht Gottes in jene hinein geschriebene winzigste feinste Kalligrafie zu „lesen".

Warum so oft Wendungen wie „ist es überhaupt möglich"?

- Wendungen wie „Ist es vorstellbar, dass ...", „Ergibt es Sinn, dass ..." werden so oft wiederholt, weil sie auf eine sehr bedeutsame Wahrheit hinweisen. Verleugnung und Verkennung entstehen oft aus dem *Für-unmöglich-Halten*. Das heißt, man nimmt an, etwas sei verstandesfern[3] und unmöglich, weshalb man es leugnet.

---

3 Dem Lehrmeister zufolge sind der Glaube und die Verantwortung eine Prüfung und eine Erfahrung innerhalb des Vermögens der

- Im Wort über die *Wiederauferstehung* wird endgültig demonstriert, dass tatsächliche Unmöglichkeit, wahre Absurdität und Irrationalität, erhebliche Diffizilität, unmöglich zu lösende Komplizität auf dem Weg der Verleugnung und der Doktrin der Verkennung liegen. Die wahre Möglichkeit, tatsächliche Plausibilität, eine solche Leichtigkeit, dass den Glauben notwendig macht, liegen auf dem Weg des Glaubens und der breiten Straße des Islams.
- Materialistische Philosophen neigen aufgrund des *Für-unmöglich-Haltens* zur Verleugnung des Glaubens. Daher weist dieses Zehnte Wort durch die häufige Verwendung von Wendungen wie „ist es vorstellbar" auf das hin, was wirklich unmöglich ist.

Entscheidungsfreiheit. Demzufolge liefern die Glaubenswahrheiten eine Plausibilität und Vernunftmäßigkeit. Dennoch darf die Beweisführung die Entscheidungsfreiheit nicht kategorisch ausschließen/aufheben, sodass das „Glaubens"-Element des Glaubens in Frage kommen kann. Ein Glaube, der aus notwendigen Ergebnissen einer Beweisführung resultiert, hat kein „Glaubens"-Element mehr inne, weil die Entscheidungsfreiheit durch den absoluten Beweis ausgeschlossen wird. Demzufolge sind die ganzen Beweisführungen der Lichtabhandlungen auf die Plausibilität bzw. Nachvollziehbarkeit der Glaubensinhalte gerichtet.

Anmerkung zur Geschlechtsneutralität

Die türkische Sprache ist, genauso wie Persisch, eine geschlechtsneutrale Sprache. Im Türkischen ist beispielsweise das Wort *kardeş* (Bruder/Schwester) ein geschlechtsneutraler Begriff. Wenn Bruder gemeint ist, sagt man *erkek kardeş,* wenn Schwester gemeint ist, sagt man *kız kardeş.* Da die deutsche Sprache keine geschlechtsneutrale Sprache ist, konnten wir weder diesen Begriff noch andere Ansprachen, Begriffe und Wörter ins Deutsche entsprechend übersetzen. Wir haben uns bemüht, möglichst geschlechtsneutrale Formulierungen zu verwenden. Hätten wir die Femininum eigens ausgezeichnet durch „:innen", „Innen", „/innen", „*innen" oder „_innen", wäre das ein Anachronismus gewesen. Wir wissen aber, dass der Lehrmeister in all seinen Schriften Frauen und Männer gleichermaßen anspricht. Denn er sagt: „Wenn ich meine Geschwister *[kardeşlerim]* sage, spreche ich meine weiblichen Geschwister gleichermaßen an. In all meinen Briefen sind sie ebenfalls meine Adressatinnen" (Anhang zur Emirdag, Brief Nummer 130, S. 233[4]). In diesem Werk wird deshalb das generische Maskulinum verwendet, das Frauen und Männer gleichermaßen meint.

---

4 http://www.erisale.com/#content.tr.10.233 (zuletzt besucht am 2. 3. 2022)

Anmerkung zur Koranübersetzung

In diesem Werk wird hauptsächlich die Koranübersetzung von Ali Ünal verwendet. Punktuell wurde auch die Übersetzung von Friedrich Rückert herangezogen.

Zehntes Wort

über Gott und das Leben nach dem Tod

بِسْمِ اللهِ الرَّحْمَنِ الرَّحِيمِ

فَانْظُرْ اِلٰٓى اٰثَارِ رَحْمَتِ اللهِ كَيْفَ يُحْيِى الْاَرْضَ بَعْدَ مَوْتِهَا.

اِنَّ ذٰلِكَ لَمُحْيِى الْمَوْتٰى وَهُوَ عَلٰى كُلِّ شَيْءٍ قَدِيرٌ

Im Namen Gottes, des Erbarmers, des Barmherzigen! Schau dann auf die Spuren von Gottes Barmherzigkeit, wie Er die Erde nach ihrem Tode belebt. Wahrlich, Derselbe wird auch die Toten erwecken; denn Er hat Macht über alle Dinge (Er-Rum 30:50).

LIEBER BRUDER, LIEBE SCHWESTER![5] WENN DU IN EINfacher und allgemein verständlicher Sprache und auf deutliche Art die Klärung der Frage nach der Auferstehung und der Versammlung nach dem Tod und dem Leben im Jenseits möchtest, dann vernimm mit meinem eigenen *nefs* zusammen die folgende Allegorie:

I. Zwei Menschen und ein wunderschönes Land

Einst reisten zwei Menschen in ein Land, das so schön wie das Paradies war. (Mit jenem Land ist die diesseitige Welt,

5 Im Anhang Emirdağ sagt der Lehrmeister ausdrücklich, dass er in seinen Briefen und Schriften sowohl Männer als auch Frauen gleichermaßen anspricht. Selbst wenn die Adressaten hin und wieder männlich formuliert sind. (Emirdağ Lahikası S. 179)

das Universum gemeint). Sie sahen, dass alle Anwohner dort die Türen ihrer Häuser und ihrer Läden unverschlossen ließen. Es sah so aus, dass sie keinen Gedanken daran verschwendeten, ihr Hab und Gut zu schützen. Ihr Geld und ihre Güter schienen unbewacht und herrenlos zu sein.

Einer der Beiden nahm alles, was er wollte. Entweder stahl er es unentdeckt oder entriss es den Menschen. Er ging seinen Begierden nach und beging alles erdenkliche Unrecht und frönte seiner Lüsternheit. Die Bevölkerung ließ ihn dabei meist in Ruhe.

Sein Freund sprach zu ihm: „Was machst du denn da? Du wirst bestraft und wirst auch mich ins Unheil stürzen. Die Güter hier sind *Königseigentum*[6]. Alle Bewohner[7] (mitsamt ihren Kindern) sind eigentlich Soldaten, Beamten oder Staatsbedienstete, die ihren Aufgaben in Zivil nachgehen. Sie lassen dich zwar gewähren, der Staat ist aber gut organisiert. Der König hat überall Ohren[8] und seine Beamten sind überall. Geh und ergib dich umgehend seinem Schutz[9]!"

Sein Freund war allerdings töricht und stur und sagte: „Nein, das hier ist kein Staatseigentum, alles gehört der Öffentlichkeit,[10] anders gesagt: niemandem. Jeder kann so

---

6 Ursprünglich *mîrî malı: Mîrî malı* sind solche Landstücke, deren Eigentümerschaft beim Sultan liegt, während deren Nutzung den Untertanen frei zugänglich gemacht wurden.

7 Hier sind mit Bewohnern nicht nur Menschen, sondern alle Beauftragten Gottes gemeint, Pflanzen, Tiere, Wasser, Meere, Engel, Djinn usw.

8 *Padişahın her yerde telefonu var...*

9 *Dehalet et!*

10 *vakıf malı:* Sind solche Landstücke, deren Früchte vollkommen der Öffentlichkeit zustehen und deren Eigentümerschaft niemandem

darüber verfügen, wie er es möchte. Ich sehe überhaupt keinen Grund dafür, von diesen ganzen schönen Dingen keinen Gebrauch zu machen. Was du da sagst, werde ich nicht glauben, bevor ich es nicht mit eigenen Augen gesehen habe."

Er fing an, zu philosophieren und sophistisch zu reden. Es begann eine ernste Diskussion zwischen den beiden. Zuerst fragte der Starrsinnige seinen Freund: „Wer soll denn hier der König sein? Ich kenne keinen."

Das Land hat einen Herrscher, die Güter sind Staatseigentum

Sein Freund antwortete ihm: „Du weißt: Selbst ein Dorf[11] hat einen Dorfvorsteher. Selbst eine Nadel[12] hat einen Meister, einen Eigner.[13] Es gibt nicht mal einen Buchstaben[14] ohne Verfasser. Wie kann es also sein, dass solch ein dermaßen wohl organisiertes Land keinen Herrscher und Gesetzgeber hat? Zu jeder Stunde[15] trifft ein Zug mit wert-

---

zusteht. Der Lehrmeister will mit dieser Allegorie folgendes sagen: Das ganze Sein und die ganze Schöpfung ist das *königliche Eigentum* Gottes, in dem die Geschöpfe als Nutzer und Beamte arbeiten. Es ist kein öffentliches Gut, kein herrenloses Eigentum, von dem jeder ohne wenn und aber Nutzen ziehen kann.

11 Die kleinste Verwaltungseinheit einer Staatsordnung.

12 Auch der kleinste Hilfsapparat fürs Nähen hat einen künstlerischen Wert.

13 Was angeeignet werden kann, ist ein Eigentum. Somit hat es einen Eigentümer und ist nicht herrenlos.

14 Kleinste Einheit des Alphabets, welche auf einen Sinngehalt hinweist.

15 Eine Anspielung auf das Jahr: Der Frühling gleicht einer Speicherkammer der Versorgung, die aus der Welt des Verborgenen Nahrung liefert. [Anmerkung des Lehrmeisters selbst]

vollen und kunstvollen Gütern ein, als käme es aus dem Reich des Verborgenen, lädt seine Ladung ab und fährt dann wieder fort. Wie kann derart viel Reichtum keinen Eigentümer haben? All die Ankündigungen und Bekanntmachungen, all die Siegel und Marken [Warencodes], die sich auf den Waren befinden, all die Münzen und die in jedem Winkel des Königreichs wehende Flaggen – wie kann das alles herrenlos sein?

Es scheint, als hättest du ein wenig von Schriften gelesen, denen das Gesetz fremd ist. Dabei kannst du nicht einmal die Schriften des Islams lesen. Und weigerst dich zugleich, einen Sachkundigen zu fragen. Komm, lass mich dir den wichtigsten königlichen Erlass vorlesen ..."

Die Deutung der Allegorie[16]

Der benommene Mensch in dieser Allegorie und sein vertrauenswürdiger Freund versinnbildlichen drei Dimensionen der Tatsachen:

Die erste Dimension steht für mein eigenes [Diktier-] *nefs* und mein eigenes Herz.

Die zweite Dimension symbolisiert die Studenten der materialistischen Philosophie und die Studenten des weisen Korans.

16 In seiner Überleitung verweist der Lehrmeister auf seine Abhandlungen über die Existenz des Schöpfers (wie das 22. Wort), die Prophetenschaft des Propheten (wie das 19. Wort) sowie die Vorsehung Gottes (wie das 26. Wort).

Die dritte Dimension bilden die Gemeinschaften der Verkennung und des Glaubens.[17]

Der größte Irrtum von Studenten der materialistischen Philosophie, der Gemeinschaft der Verleugnung und des Diktier-*nefs* liegt in der Nichtanerkennung des Ehrwürdigen Wahren Einen. Was der vertrauenswürdige Mensch in unserer Allegorie sagte, können wir nur bestätigen: „Es gibt nicht mal einen Buchstaben ohne Verfasser und keine Ordnung ohne Gesetzgeber und Herrscher."

II. Das Manuskript hat einen Verfasser und Kalligrafen

Es ist ganz und gar unmöglich, dass es einem Manuskript an einem Verfassenden mangelt. Vor allem einem Manuskript, welches mit einer winzig kleinen Schreibfeder so geschrieben ist, dass jedes einzelne Wort das ganze Buch beinhaltet und in jedem einzelnen Buchstaben ein Lobgedicht eingemeißelt ist.[18]

Demzufolge ist es unmöglich, dass es diesem Universum an einem künstlerischen Verfassenden fehlt. Denn auch das Universum ist ein Manuskript, ein Buch, in dem jede Seite viele weitere Bücher enthält. Jedes Wort auf einer Seite ent-

---

17 Wie ganz am Anfang der Worte erwähnt wurde, ist der Hauptansprechpartner dieser Lektüre das menschliche *nefs*. Die ganzen Auseinandersetzungen des Glaubens und der Verkennung sind nichts anderes als ein Selbstgespräch zwischen dem Diktier-*nefs* und dem Herzen eines Menschen. Wenn einer von beiden die Oberhand gewinnt, bildet dieser Charakterzug eine Persönlichkeit. Wenn sich mehrere solche Personen zusammenschließen, entsteht eine Gemeinschaft.

18 *Argumentum a fortiori.*

hält sogar ein weiteres Buch im Kleinen. In jedem Buchstaben eines Wortes wird ein Lobgedicht angestimmt.[19]

Die ganze Erde ist nur eine Seite jenes Manuskripts namens Universum, die unzählige weitere Manuskripte mit einschließt. Jeder Baum ist ein Wort, der zahlreiche Seiten enthält. Jede seiner Früchte ist ein Buchstabe und jeder Samen ein Punkt. Jeder Punkt wiederum verbirgt in sich das Inhaltsverzeichnis und das Programm des ganzen großen Baums.

Ein solches Buch, ein solches Manuskript kann nur der kalligrafischen Schreibfeder der Macht des Majestätischen Einen entstammen, der sich durch die Attribute Allgewalt und Schönheit auszeichnet und über unendliche Macht und Weisheit verfügt. Folglich resultiert aus der Bezeugung mittels Beobachtung des Kosmos dieser Glaube, es sei denn, man ist benommen aufgrund der Tiefe seiner Verkennung.

---

19 Aus der Perspektive der zahlreichen Informationen und Kunstfertigkeiten im Universum kann man den ganzen Kosmos als ein gewaltiges Buch bezeichnen. Darüber legen die Naturwissenschaften Zeugnis ab. Diese Allegorie ist eine Art Auslegung der ersten fünf Verse der Sure El-ʿAlaq und speist sich von dem Vergleich aus El-ʾEnbiyāʾ 21:104: „An dem Tage werden wir den Himmel zusammenrollen, wie die Schriftrollen zusammengerollt werden. So wie Wir die erste Schöpfung begonnen haben, werden Wir sie wiederholen, bindet für uns die Verheißung; wahrlich Wir werden sie erfüllen!" Vgl. Zehnte Wahrheit: „Jeder Baum ist ein Wort, jede Frucht ein Buchstabe und jeder Samen ein Punkt, der das Programm des ganzen komplizierten, großen Baums enthält. Also, jeder Punkt dieses Buches, dieser Buchstaben enthält die Zusammenfassung des Ganzen. Obwohl alle Bücher und Manuskripte sich in Form und Aussehen unterscheiden und der Schreibprozess ineinander verschachtelt und äußerst kompliziert abläuft, erfolgt es ohne irgendein Durcheinander oder irgendeine Unstimmigkeit oder einen Schreibfehler."

III. Der wundersame Palast: Das Universum

Es gibt kein Bauwerk ohne einen Baumeister. Erst recht dann nicht, wenn das Bauwerk mit erstaunlichen Kalligrafien, außergewöhnlichen Verzierungen und einzigartigen Ornamenten geschmückt ist wie ein Palast. In einem einzigen Stein dieses Bauwerks liegt genauso viel Kunst wie im ganzen Palast. Kein Verstand kann die Behauptung akzeptieren, es habe keinen künstlerischen Baumeister, keinen meisterhaften Architekten gegeben.

Innerhalb dieses Bauwerks werden stündlich in vollkommener Ordnung tatsächliche Wohnhäuser gebildet; ähnlich wie das Aufschlagen der verschiedenen Filmbühnen. Zudem werden sie verändert mit einer vollkommenen Ordnung, die sich mit dem Wechseln von Kleidung vergleichen lässt. In jeder dieser realen „Filmbühnen" werden sogar ständig zahlreiche weitere, verschiedene kleine Räume erschaffen.

Von der Allegorie zur Wahrheit

So, wie sich das Universum darstellt, erfordert es einen unendlich weisen, allwissenden und allmächtigen Baumeister und Künstler. Denn es ist ein Palast, dessen Laternen die Sonne und der Mond, und dessen Kerzen die Sterne sind. Die Zeit gleicht einem Seil oder einem [Film-] Band. Der Majestätische Schöpfer fädelt auf dem Seil bzw. dem Band der Zeit jedes Jahr ein neues Universum [einen neuen Schauplatz] auf. Mit absoluter Ordnung und Weisheit erneuert und verändert Er die Bühnen und Ausblicke dieses Schauplatzes, dieses Universums, auf 360 unterschiedliche Arten und Weisen.[20]

Die Erde gestaltete Er als einen gedeckten Tisch der Gnadengaben, die Er jedes Frühjahr mit 300.000 verschiedene Arten von kunstvollen Geschöpfen[21] schmückt und mit unzähligen Varianten großzügiger Geschenke füllt. Er tut dies so, dass die Geschöpfe alle getrennt voneinander und deutlich mit einem eigenen Charakter nebeneinander stehen, während sie zur selben Zeit eng miteinander verwandt sind und sich vermischen. Wie kommt es, dass die Existenz des Schöpfers eines solchen Palastes einfach ignoriert wird?

IV Die Sonnenparabel
Allegorie von der Sonne und ihrer Reflexion

Die Reflexionen und das Ebenbild der Sonne an einem Tag mit heiterem, klarem Himmel sind auf der Oberfläche der Meere, ja auf jedem schillernden Luftbläschen auf dem Wasser und sogar auf jedem glänzenden Objekt an Land und auf jeder Schneeflocke zu erkennen. Wenn man trotz dessen die Existenz der Sonne abstreitet, würde es von wahnwitziger Verrücktheit zeugen. Denn würde man die Existenz einer einzigartigen Sonne verleugnen, müsste man annehmen, dass in jedem glänzenden Wassertropfen, jedem schillernden Luftbläschen und jedem leuchtenden Objekt eine eigene, reale Miniatur-Sonne innewohnt. Folglich müsste man in jedem Atomteilchen die Essenz der gewaltigen realen Sonne annehmen, obwohl in einem Atom lediglich ein einziges Atom Platz findet ...

20 Siehe Ar-Raḥmān 55:29.
21 Mittlerweile beträgt die Anzahl der Arten auf der Welt 8,7 Millionen.

Von der Allegorie zur Wahrheit

Ein größerer Verkennungswahn und ein noch verwirrteres Delirium wäre es, sich der Annahme der vollkommenen Attribute des Majestätischen Schöpfers zu verweigern, wo man dieses geordnete Universum doch mit eigenen Augen sehen kann. Ständig wird es in systematischer und zielgerichteter Weise verändert und erneuert. Wer den Schöpfer verleugnet, muss hingegen glauben und annehmen, dass alles Existierende im Universum, ja sogar jedes winzige Teilchen, absolute, uneingeschränkte Gottheiten [Attribute Gottes] in sich bergen.[22]

---

22 Vgl. 23. Reflexion: Dies ist die These, dass sich die Dinge auf natürliche Weise entfalten, dass die Natur sie braucht und deshalb erschaffen hat. Dagegen sprechen zahllose Unmöglichkeiten, von denen drei exemplarisch aufgezeigt werden sollen.

Erste Unmöglichkeit

Wenn wir uns weigern, die Kunstfertigkeit und Kreativität, die sich in den Lebewesen zeigt und die von unendlich großem Wissen, Weisheit und Willenskraft kündet, dem Stift der Bestimmung und der Kraft der Ewigen Sonne [Schöpfer] zuzuschreiben und stattdessen eine blinde, taube und unbewusste Natur und die ‚Naturkräfte' dafür verantwortlich machen, dann akzeptieren wir damit entweder, dass die Natur in jedem Lebewesen über unzählige Maschinen oder Druckerpressen verfügt, die Lebewesen hervorbringen, oder dass die Natur jedes Lebewesen mit so viel Wissen, Willen, Kraft und Weisheit ausstattet, dass es ihm möglich ist, ein ganzes Universum zu erschaffen und zu verwalten.

Die Sonne spiegelt sich in jeder Glasscherbe und in jedem Wasserbläschen. Wenn wir nun aber leugnen, dass diese Reflexionen auf die eine und einzige Sonne am Himmel zurückzuführen sind, dann müssen wir davon ausgehen, dass in allen Dingen und selbst in jenen, die so klein sind, dass sie nicht einmal einem Streichholzkopf Platz bieten, eine Miniatursonne scheint, die über die gleichen Qualitäten verfügt wie die Sonne am Himmel. Und weiterhin müssen

Jedes Luftatom eine Gottheit?

Jedes Atom in der Luft kann zum Beispiel in jede Blume, jede Frucht und jedes Blatt eindringen und dort etwas bewirken. Wäre das Atom aber kein Beauftragter [des künstlerischen Schöpfers], müsste es sich selbst beauftragt haben. Um eine Blume, eine Frucht oder ein Blatt zu gestalten, müsste es den gesamten Entstehungsplan, die Entwicklungsstruktur und die Form dieser Kunstwerke, in die es eindringt, die es beeinflusst und gestaltet, kennen; das heißt, es müsste über ein umfassendes, makelloses Wissen und über eine allumfassende Macht verfügen [die in Wirklichkeit ausschließlich einem absoluten Schöpfer gebührt].

Jedes Erdatom eine Gottheit?

Jedes Atom der Erde besitzt das Potenzial, das Wachstum aller existierenden, verschiedenen Sorten von Samenkörnern zu ermöglichen. Wenn es nicht vom Schöpfer beauftragt wäre [müsste es sich selbst beauftragt haben]. In diesem Falle müsste jedes Erdatom entweder über imma-

wir dann davon ausgehen, dass es so viele Sonnen gibt wie Reflexionen in jeder Glasscherbe und in jedem Wasserbläschen auf den Meeren, Flüssen oder Seen. In gleicher Weise müssen wir, wenn wir alles, was existiert (egal ob lebendig oder leblos), nicht als Reflexionen der Namen der Ewigen Sonne [Schöpfer] betrachten, annehmen, dass in jedem Lebewesen und auch in jedem Objekt eine Wesensart, eine Kraft oder sozusagen eine Gottheit steckt, die unendlich großes Wissen, Willen, Kraft und Weisheit besitzt. Unter all den Unmöglichkeiten im Universum gibt es sicherlich keine größere Absurdität, keinen größeren Aberglauben. Wer die Kunstwerke des Schöpfers des Universums der unbewussten Natur oder irgendwelchen nominellen Kräften zuschreibt, besitzt weniger Bewusstsein als jedes andere Lebewesen.

terielle Ausrüstung und Maschinen verfügen,[23] oder ihm

---

23 Vgl. 23. Reflexion:
Dritte Unmöglichkeit
Wäre dein Körper nicht ein ‚Schriftstück', niedergeschrieben mit dem Stift des Ewigen Allmächtigen Einen und Einzigartigen Gottes, sondern ein Produkt der Natur oder ‚natürlicher' Ursachen, dann müsste es so viele Schreibblöcke oder Gussformen der Natur geben, wie es Zellen und Organe in deinem Körper gibt, die gewissermaßen ineinander verschachtelt sind. Dieses Buch zum Beispiel, das du in Händen hältst, wurde entweder von einem einzigen Autor verfasst, auf dessen Wissen es auch basiert, oder aber – wenn du ernsthaft behaupten willst, es sei aus sich selbst heraus entstanden oder von der Natur hervorgebracht worden – jeder einzelne Buchstabe würde seine eigene Drucktype benötigen. Druckerpressen bestehen aus so vielen eisernen Drucktypen, wie es Buchstaben im Alphabet gibt. Diese müssen, damit ein Wort gedruckt werden kann, einzeln der Reihe nach angeordnet werden; für den Druck eines Buches sind demnach genau so viele Drucktypen erforderlich, wie der zugrunde liegende Text Buchstaben hat.
Daneben gibt es auch eine spezielle Form der Kalligraphie, bei der in einen einzigen großen Buchstaben beispielsweise eine ganze Koransure oder fünf oder sechs Seiten aus dem Koran geschrieben werden. In diesem Fall braucht es, um einen solchen Buchstaben mit einer Druckerpresse abbilden zu können, Tausende eiserne Drucktypen. Die Lebewesen gleichen einem solchen Buchstaben. Jedes von ihnen enthält fast alles, was im Universum existiert. Will man also die Herstellung eines Buches dem Buch selbst oder seinen eisernen Drucktypen zuschreiben, so muss man annehmen, dass sich diese Buchstaben von selbst auf eine bewusste und bedeutungsvolle Weise in einer Druckerpresse zusammenfinden; und will man die Existenz eines Lebewesens diesem Lebewesen selbst zuschreiben, so muss man davon ausgehen, dass alle Atome oder all die unzähligen Muster im Universum sich in einer bewussten Willensentscheidung zusammengefunden haben, um dieses Lebewesen zu formen. Selbst wenn wir diesen ganz und gar lächerlichen Gedanken, der so viele Unmöglichkeiten aufweist, wie ein Lebewesen oder gar das Universum Partikel hat, akzeptieren, ist und bleibt doch die

müsste Kunstfertigkeit und Macht zugesprochen werden, sodass es sich mit allen Pflanzen und Bäumen auskennt, sich mit ihren Entstehungsplänen und Entwicklungsstrukturen befasst sowie alle Formen, mit denen sie sich bekleiden, kennt und zu „nähen“ vermag.

Was für das Atom gilt, trifft erst recht auf andere Existenzstufen zu. Nun wird man verstehen, dass es in jedem Ding viele klare Beweise für die Einheit des Schöpfers gibt. Ja, die Kunst, aus einem Ding alle möglichen Dinge hervorzubringen und alle Dinge in ein einziges Ding zu verwandeln, ist lediglich dem zu eigen, der der Schöpfer aller Dinge ist.[24]

Man beachte den feinsinnigen Erlass:

Und es gibt nichts, was Seine Herrlichkeit nicht preist. (El-Isrāʾ 17:44).

Also den Einzigartigen Einen Gott nicht zu akzeptieren, würde uns zur Annahme von Gottheiten zwingen, die so zahlreich wie alle Existierenden sind.

Der Freund nimmt die Existenz Gottes an, lehnt aber das Leben nach dem Tode ab

Benommen entgegnete der Mensch ihm [nach der Ausführung]: „Nun gut, nehmen wir einmal an, es gäbe einen König. Welchen Schaden sollte er nehmen, wenn ich von

---

Frage offen, welcher Urheber diese äußerst geordnete und kunstvolle Drucktypen und Druckerpresse erschaffen hat. Denn wenn wir die kunstvollen und erschaffenen Drucktypen und Druckerpressen nicht auf einen einzigen Kalligraphiemeister zurückführen, müssen wir akzeptieren, dass diese Drucktypen und Druckerpressen von anderen Drucktypen und Druckerpressen erschaffen worden sind – *ad infinitum.* Das führte uns zu einer *petitio principii.*

24 Vgl. die Ausführungen im „Achten Wort“.

all diesem Reichtum nur einen winzigen Teil beanspruchte? Sein Schatz wird darunter nicht leiden. Außerdem gibt es hier nichts, das einem Gefängnis ähnelt. Ich kann mir nicht vorstellen, dass es hier irgendwelche Strafen geben wird."[25]

Das Land ist ein Ort der Ausbildung, ein Gasthaus, keine Endstation

Sein Freund erwiderte: „Sieh doch, dieses Land ist ein Ort der Ausbildung und Prüfung. Und gleichzeitig auch eine Ausstellung der erstaunlichen Kunstwerke des Königs. Es ist ein Gasthaus für die Durchreise, es bietet eine befristete und vorübergehende Herberge. Siehst du denn nicht, dass täglich eine Reisegruppe ankommt, eine andere aber abreist und verschwindet? Es ist ein ständiges Kommen und Gehen. Bald schon wird sich dieses Land aber ganz verändern.[26] Seine Bewohner werden dann in ein anderes, ein ewiges Land gebracht, wo jeder seiner Leistung entsprechend belohnt oder bestraft wird."[27]

---

25 El-Kahf 18:35 – 36. 41, siehe Einleitung

26 Vgl. Ibrāhīm 14:48.

27 El-Kahf 18:37 – 40: „Sein Gefährte sagte zu ihm, während sie miteinander redeten: ‚Glaubst du etwa (indem du eine solche Undankbarkeit zum Ausdruck bringst) nicht an Ihn, der dich aus Erde erschaffen hat, dann aus einem einfachen Tropfen Samenflüssigkeit und dich dann zu einem vollkommenen Menschen geformt hat? Doch (was mich selbst angeht, so glaube ich) dass Er Gott ist, mein Herr, und ich stelle meinem Herrn keinen Teilhaber zur Seite. Wenn du doch nur gesagt hättest, als du deinen Rebgarten betratest: „Wie schön hat es Gott gewollt; es gibt keine Macht (um irgendetwas zu erreichen) außer bei Gott." Obwohl du mich auch mit weniger an Vermögen und Nachkommen siehst als dich (so beklage ich mich überhaupt nicht, denn es ist Gott, der tut, was Er will, und Er ist gar barmherzig gegen Seine Diener). Es mag durchaus sein, dass mein Herr mir

Der unzuverlässige, verwirrte Mensch erwiderte störrisch: „Das glaube ich dir nicht. Wie soll das Land untergehen und sich in einen anderen Ort verwandeln?"

Sein vetrauenswürdiger Freund antwortete: „Wenn du so starrsinnig und aufsässig bist, will ich dir anhand zwölf Szenen aus dieser Welt einige der unzähligen Beweise dafür darlegen, dass es ein oberstes Gericht, ein Reich der Belohnung und der Beschenkung und auch ein Reich der Bestrafung und der Beschränkung gibt. Lass mich dir zeigen, dass der Tag kommen wird, an dem diese Welt – so, wie sie sich schon jetzt Tag für Tag etwas leert – vollkommen entleert und zerstört sein wird."

Anhand der zwölf Szenen aus der Allegorie werden wir erkennen, dass es schier unmöglich ist, dass ein König einerseits über ein Reich verfügt, das einem vergänglichen Gasthaus ähnelt, aber andererseits kein weiteres, ewiges, beständiges Reich besitzt, in dem die Majestät und die Erhabenheit seiner Souveränität entsprechend manifestiert sind.

Ganz in diesem Sinne ist es auch unmöglich, dass der Unvergängliche Schöpfer lediglich dieses vergängliche Universum erschafft, jedoch kein unvergängliches Universum errichtet.

Genauso ist es unmöglich, dass der Endlose Kunstvolle Schöpfer einerseits dieses beispiellose, aus dem Nichts bzw. *ex nihilo* entstandene und flüchtige Universum erschafft,

---

etwas Besseres gibt als deinen Rebgarten und darauf (auf deinen Rebgarten) ein Unheil vom Himmel niedergehen lässt, sodass er zu einem unfruchtbaren Ödland wird.'"

andererseits aber kein anderes beständiges und permanentes Universum hervorbringt.

Ebenso ist es unmöglich, dass der Schöpfer diesseitiger Welt, der sich als Allweise, Allmächtig und Allbarmherzig kennzeichnet, einerseits diese Welt als eine Ausstellungshalle, als ein Prüfungsort und als ein Ackerfeld erschafft, andererseits jedoch keine jenseitige Welt hervorbringt, die die Zielsetzungen dieser Ausstellungen, Endergebnisse dieser Prüfungen und Ernten dieses Ackerfeldes in vollem Umfang manifestiert.

Zu dieser Wahrheit [Leben nach dem Tod und die Auferstehung] gelangt man durch zwölf Tore. Diese Tore lassen sich mit zwölf Wahrheiten [Deutungen der Bildszenen] öffnen. Wir beginnen mit der klarsten und einfachsten von ihnen.

Erste Szene der Allegorie

KANN ES DENN SEIN, DASS EINE [WOHLGEORDNETE] Herrschaft bzw. ein Staat – und insbesondere eine so prächtige wie die Herrschaft des Universums – treuen und guten [ordnungskonformen] Bediensteten keine Belohnung gibt und gegen die aufsässigen [ordnungswidrigen] keine Sanktionen verhängt? Belohnung und Sanktion sind auf Erden so gut wie nicht existent.

Also muss es an einem anderen Ort ein oberstes Gericht geben.

Erste Wahrheit: Kein Ödland, sondern gut organisiert

DAS TOR DER ERZIEHERISCHEN HERRSCHAFT UND DER Souveränität ist die Reflexion Seines Namens „der Herr/Rabb".[28]

Ist es überhaupt möglich, dass das *Potenzial der erzieherischen Herrschaft,* d. h. Rabb-Heit[29], die Souveränität des Gottseins, ein Universum wie dieses erschaffen würde, um Seine Vollkommenheit mit edlen Zielen und Absichten zu offenbaren, wenn Er nicht gleichzeitig auch eine Belohnung für die Gläubigen festsetzen würde, die durch Glauben und Verehrung danach streben, jenen Zielen und Absichten gerecht zu werden, die Verkennenden wiederum, die Seine Zielsetzungen abgewiesen und verachtet haben, nicht sanktionieren würde?[30]

---

28 Bâb-ı *Rububiyet ve Saltanattır* ki, ism-i *Rabbin* cilvesidir.
29 Şe'n-i rububiyet.
30 Siehe das Kapitel „Die absolute Verleugnung ist ein gewaltiges

Zweite Szene der Allegorie

SCHAU[31] DIR NUR AN, WAS IN DIESEM LAND ALLES erreicht wurde: Jeder, selbst die Ärmsten und Schwächsten, wird vollkommen und angemessen versorgt. Kranke, die allein dastehen, werden sorgfältig gepflegt. Du siehst erlesene und schmackhafte Speisen, Gedecke, mit Juwelen geschmückte Dekorationen, verzierte Gewänder und prächtige Festmahle.

Schau! Jeder,[32] außer so ziellose Benommene wie du, widmet sich mit großer Aufmerksamkeit seiner Verantwortung. Niemand überschreitet seine Grenzen auch nur um ein Jota.[33] Auch die bedeutendste aller Bediensteten leistet mit großem Gehorsam, demütiger Ehrfurcht[34] und Erhabenheit ihren Dienst. Daher muss der Herrscher über eine einzigartige Großzügigkeit und allumfassende Barmherzigkeit verfügen. Er ist sehr würdevoll und besitzt eine persönliche, majestätische Ehre und Würde.

Großzügigkeit erfordert Gnadengaben, und Barmherzigkeit ist ohne Güte nicht vorstellbar. Würde verlangt Achtsamkeit. Ehrenhaftigkeit erfordert, den Unaufrichtigen ihre

---

metaphysisches Unrecht" in der *achten Wahrheit*.

31 Der Lehrmeister verweist in jeder Allegorie auf den Vers Er-Rum 30:50, den er zu Beginn des Zehnten Wortes anführt, und greift mehrfach den Befehl „Schau!" auf. Dort heißt es: „Schau dann auf die Spuren von Gottes Barmherzigkeit [...]". Er greift in jeder Bildszene mehrmals diesen Befehl „unzur!"/(„Schau!") auf.

32 Hier sind nicht nur „Menschen" gemeint sondern alle Bedienstete Gottes bzw. des Herrschers.

33 Im Original *zerre*, ein Begriff, der im Koran vorkommt: vgl. dafür En-Nisā' 4:40; Az-Zilzāl 99:7–8.

34 Vgl. Er-Ra'd 13:13. Dies könnte eine Anspielung auf die Sonne sein.

Lektion zu erteilen. In diesem Land geschieht aber nicht einmal ein Tausendstel dessen, was jene Barmherzigkeit und jene Ehrenhaftigkeit erforderten. Diese ziellosen Benommenen, Ungerechten sterben in Würde, aber ihre Opfer, die Unterdrückten, sterben in Erniedrigung und schwinden dahin.

Also wird ihr Anliegen an ein oberstes Gericht verwiesen.

Zweite Wahrheit: Die Großzügigkeit und die Barmherzigkeit des Herrn

Das Tor der Großzügigkeit und der Barmherzigkeit ist die Reflexion Seiner Namen „der Großzügige" und „der Barmherzige".[35]

Man denke einmal über folgenden Aspekt der Geschehnisse in dieser Welt nach: Wird nicht jedem Lebewesen vom schwächsten bis zum stärksten ein angemessener Unterhalt gewährt? Gerade die Schwächsten und Machtlosesten erhalten auf einfachem Weg die beste Nahrung. Was zum *halalen* Lebensunterhalt benötigt wird, erlangt man nicht durch Gewalt, sondern aus der Situation der Bedürftigkeit heraus. Hilflose Kleinkinder erfreuen sich der besten Nahrung, während starke, wilde Tiere unter einer Vielzahl von Bedürfnissen leiden. Fische werden trotz ihrer geringen Intelligenz fett, während Füchse und Affen trotz all ihrer Schläue auf der Suche nach Nahrung mager bleiben. Man kann sagen, dass die gewährte Nahrung in einem umgekehrt proportionalen Verhältnis zu Macht und Willen steht. Je mehr man seiner eigenen Macht und seinem eigenen Willen vertraut, desto schwieriger gelingt es ihm, sich um seinen Lebensunterhalt zu kümmern. [So ist es auch bei den Menschen: je kräftiger und willensstarker sie werden, desto mehr müssen sie sich selbst um Nahrung und Unterhalt bemühen. Mit zunehmendem Alter tragen sie nun die Verantwortung, für sich selbst zu sorgen, statt von barmherzigen Eltern bzw. der Familie versorgt zu werden.]

35 *Bâb-ı Kerem ve Rahmettir ki, Kerîm ve Rahîm isminin cilvesidir.*

Eine so großzügige Unterstützung, ein so edler Großmut, deutet offensichtlich auf eine schenkende Hand vollkommen grenzenloser Freigebigkeit hin.

Im Frühling beispielsweise werden alle Bäume in prächtige Gewänder aus feinem Seidenbrokat gekleidet, so schön wie die *Huris* des Paradieses. Sie schmücken sich mit Blüten und Früchten wie Juwelen, und einem Diener gleich bieten sie uns mit den zarten Händen ihrer Zweige viele Arten erlesenster, köstlichster und kunstvoll hergestellter Früchte an.

Süßen, bekömmlichen Honig bekommen wir über ein giftiges, stechendes Insekt, die Honigbiene. Es steht uns frei, uns mit dem feinsten und weichsten Stoff zu bekleiden, der von einem Insekt ohne Hände gewoben wurde, dem Seidenwurm. Selbst das winzigste Samenkorn hält für uns einen großen Schatz der Barmherzigkeit bereit.

All dies geht offensichtlich auf das Wirken der vollkommensten Großzügigkeit, auf die raffinierteste und reinste Barmherzigkeit zurück. Den Majestätischen Herrn und Herrscher dieser Welt zeichnet eine grenzenlose Großzügigkeit und Barmherzigkeit, eine uneingeschränkte Pracht und Majestät aus.

Mit Ausnahme des Menschen und bestimmter wilder Tiere erfüllen alle Geschöpfe – von den größten wie Sonne, Mond und Erde bis hin zu den winzigsten – ihre Aufgaben mit absoluter Genauigkeit in einer Atmosphäre feierlicher Ehrfurcht und absoluten Gehorsams, ohne dabei ihre Grenzen auch nur um ein Jota zu überschreiten. Das beweist, dass sie auf Befehl von jemandem, der höchste Majestät und Autorität besitzt, handeln.

Die Widerspiegelung der Barmherzigkeit des Herrn in der Natur

Auf ähnliche Weise reflektiert sich die allumfassende Barmherzigkeit in der Mutterliebe, die beim Menschen, in der Tierwelt und auch in der Pflanzenwelt deutlich sichtbar ist, wenn man nur daran denkt, wie liebevoll und mitfühlend Mütter ihre hilflosen Kleinen mit feinster Nahrung, zum Beispiel mit Milch, aufziehen. Eine hungrige Löwin sorgt sich beispielsweise mehr um seine Jungen als um sich selbst. Fleisch, das sie sonst sicherlich selbst fressen würde, überlässt sie selbstlos ihren Jungen. Und ein verängstigter Hase oder ein Huhn würde sogar einem Löwen oder einem Hund trotzen, um seine Jungen zu beschützen. Der Feigenbaum begnügt sich selbst mit Morast, seine Abkömmlinge aber, seine Früchte, ernährt er mit reiner „Milch". All diese Beispiele zeigen jedem, der Augen hat, dass die hier aufgeführten Geschöpfe in Übereinstimmung mit den Anordnungen des Einen, mit Seiner grenzenlosen Barmherzigkeit, Großzügigkeit und Besorgtheit handeln. Ebenso demonstriert die Tatsache, dass Pflanzen und Tiere ohne Bewusstsein in einer äußerst absichtsvollen und höchst bewussten Weise handeln, dass der Eine Allwissende und Weise ihnen ihre Aufgaben zugewiesen hat und sie in Seinem Namen handeln.

Der Majestätische Herrscher dieser Welt besitzt alle Verfügungsgewalt und zeichnet sich durch grenzenlose Großzügigkeit und Barmherzigkeit, Allgewalt und Pracht aus. Allgewalt und Pracht erfordern die Bestrafung derer, die sie missachten. Das Attribut Großzügigkeit setzt unerschöpfliches Geben ebenso voraus, wie Barmherzigkeit gebührendes Wohlwollen erfordert. Weil in dieser vergänglichen Welt und in diesem vorübergehenden Leben kaum ein Millionstel und kaum ein Tropfen aus den Tiefen der Meere dieser Attribute (Großzügigkeit, Barmherzigkeit) begründet und reflektiert werden, muss es ein gesegnetes Reich geben, das diesen Tiefen eher entspricht.

Leugnet man die Existenz eines Ortes der ewigen Glückseligkeit, muss man auch die Allumfassende Barmherzigkeit leugnen, was dem Leugnen der Sonne gleich käme, die den Tag mit ihrem Licht erfüllt. Ein Abschied ohne Rückkehr würde Barmherzigkeit in Qual, Liebe in Trennungsschmerz, segensreiche Gnadengaben in Folter, den Verstand in ein Instrument des Elends und schließlich Freude in Leid verwandeln; die Barmherzigkeit Gottes würde dahinschwinden.

Allgewalt und Pracht erfordern Sanktionen

Seine Attribute Allgewalt und Pracht erfordern die Sanktionierung jener, die sie missachten. Es muss auch ein Reich der Sanktionierung geben, das der Allgewalt und dem Ruhm des Allmächtigen entspricht. In unserer Welt sterben die Unterdrücker, ohne dass ihnen ihre Macht zu unterdrücken vorher genommen worden wäre, und die Unterdrückten, ohne ihren Zustand der Demütigung überwunden zu haben. Solches Unrecht muss zwangsläufig der Zuständigkeit eines obersten Gerichtshofes übertragen werden; auf gar keinen Fall wird es ignoriert.

Gelegentlich wird jedoch schon in dieser Welt eine Sanktionierung vorgenommen. Die Qualen, die ungehorsame und aufsässige Völker in vergangenen Epochen erleiden mussten, lehren uns, dass der Mensch nicht ungestraft tun und lassen kann was er will. Er muss vielmehr jederzeit damit rechnen, die „Ohrfeigen" der Allgewalt und Entschlossenheit des allmächtigen Gottes zu spüren zu bekommen.

Resümee

Ja, dem Menschen kommt die größte Verantwortung in der Schöpfung zu. Er verfügt über das bedeutendste Entwicklungspotenzial. Sein erziehender Herr gibt sich Selbst durch so wohlgeordnete, kunstvolle Erzeugnisse zu erkennen. Er lässt sich durch schmuckvollen Früchten Seiner Barmherzigkeit liebgewinnen und zeigt Seine Menschenliebe und seine Barmherzigkeit durch verschiedenartige Gnadengaben. Wenn der Mensch hingegen Ihn nicht erkennt, an Ihn nicht glaubt, Ihn nicht anbetet und seine Liebe nicht sichert, Ihn nicht dankbar lobpreist, Ihm keinen Respekt zollt, ist es dann überhaupt möglich, dass so ein Mensch nicht sanktioniert und sich selbst überlassen wird, und der allgewaltige Eine, der Sich durch Pracht und Entschlossenheit auszeichnet, kein Reich der Sanktionierung für ihn vorbereitet?

Wie gesagt, der Allbarmherzige Erbarmer gibt sich Selbst den Menschen zu erkennen und lässt sich Selbst lieb gewinnen. Darauf antworten gläubige Menschen mit Glaube und Erkenntnis, mit Gottesdienst, mit Liebe und veranlassen andere Menschen ihn zu lieben. Sie kommen Seiner Barmherzigkeit mit Danksagung und Respekt entgegen. Ist es überhaupt möglich, dass Er ein Reich der Belohnung, eine ewige Glückseligkeit den Gläubigen versagt?

Dritte Szene der Allegorie

SCHAU! MIT WELCH HOHER WEISHEIT UND ORDNUNG alles geregelt ist. Und mit welch wahrer Gerechtigkeit und Ausgewogenheit[36] die Bediensteten behandelt werden. Die Räson der Regierung erfordert, dass den Geflüchteten, die unter den Schutzflügeln der Staatsherrschaft Zuflucht suchen, Anerkennung entgegengebracht wird. Die Gerechtigkeit verlangt, dass die Rechte der Regierten gewahrt werden, damit auch die Ehrenhaftigkeit der Regierung sowie die Majestät des Staates gewahrt bleiben.

Hier jedoch wird nicht einmal einem Tausendstel dieser Weisheit, dieser Gerechtigkeit entsprochen. Törichte Menschen wie du verlassen dieses Land ungestraft.

Also wird ihr Anliegen an ein oberstes Gericht vertagt.

36 Hier sind die Ausgewogenheit und die Gerechtigkeit in der Natur gemeint und nicht die in den Angelegenheiten zwischen Menschen.

Dritte Wahrheit: Die Weisheit und Ausgewogenheit des Schöpfers

DAS TOR DER WEISHEIT UND DER AUSGEWOGENHEIT ist die Reflexion Seiner Namen „der Weise“ und „der Gerechte“.[37]

Einige Argumente für die Weisheit des Schöpfers

Ganz eindeutig lässt der Eine, der diese Welt beherrscht, dabei Seine unendliche Weisheit walten. Willst du einen Beweis dafür? Der Beweis liegt in der Art und Weise, in der sich Zielsetzung und Nutzen in allen Dingen reflektieren. Wie vielen weisen Zwecken dient jedes einzelne Glied, jeder Knochen und jede Vene des Menschen, jede einzelne seiner Hirnzellen und jedes Teilchen jeder einzelnen seiner Körperzellen? Die Zwecke bei jedem einzelnen Glied sind in der Tat so zahlreich wie die Früchte an einem Baum, wodurch bestätigt wird, dass alles in unendlicher Weisheit geordnet ist. Ein weiterer Beweis liegt in der Ordnung, die der Gestaltung aller Dinge zugrunde liegt.

Das feine Wachstumsprogramm einer wunderschönen Blume wird in ihr winziges Samenkorn niedergeschrieben. Und das Tatenheft, die gesamte Lebensgeschichte und das Verzeichnis der Organe/Apparate eines großen Baums werden mit der metaphysischen Schreibfeder des Vorwissens in sein winziges Samenkorn geschrieben. Dies zeigt, dass eine Schreibfeder der absoluten Weisheit wirkt.

---

37 Bâb-ı Hikmet ve Adalet olup ism-i Hakîm ve Âdilin cilvesidir.

Die vollkommene Kunstfertigkeit in der Erschaffung aller Dinge trägt den Stempel eines unendlichen, weisen Künstlers. Die Erstellung eines Verzeichnisses über alles, was existiert, der Schlüssel zu allen Schätzen der Barmherzigkeit und der Spiegel aller Göttlichen Namen innerhalb des kleinen menschlichen Körpers deuten vor allem auf die Weisheit hin, von der diese Kunstfertigkeit durchdrungen ist.

Ist es vorstellbar, dass diese Weisheit, die allem Wirken der Herrschaft Gottes zugrunde liegt, sich nicht wünscht, in Zukunft all jene zu begünstigen, die Zuflucht zu dieser Herrschaft nehmen und gehorsam im Glauben sind?

Einige Argumente für die Ausgewogenheit des Schöpfers

Bedarf es noch weiterer Überzeugung, dass alles gerecht und ausgewogen ist? Die Tatsache, dass allem eine Existenz und Form gegeben und entsprechend eines präzisen Gleichgewichts und Maßes ein Platz zugewiesen wird, ist der Beweis dafür. Somit ist auch die Tatsache, dass alles seiner Veranlagung entsprechend das erhält, was ihm zusteht, ein Zeichen für die Existenz einer Hand unendlicher Harmonie und Gerechtigkeit. Alle Grundvoraussetzungen und Bedürfnisse des Lebens werden so in angemessenster Weise erfüllt. Und auch die Tatsache, dass jeder Wunsch und jede Eingabe in der Sprache des *Bedürfnisses ihrer Grundveranlagung* und der Sprache der *Bedrängnis* geäußert wird, zeigt unendliche Gerechtigkeit und Weisheit.

Der Wunsch des Menschen nach Unsterblichkeit

Ist es nun überhaupt möglich, dass die Ausgewogenheit, Gerechtigkeit und Weisheit den bedeutsamsten Wunsch des Bedeutendsten der Schöpfung, nämlich des Menschen, nach Unsterblichkeit abschlagen, während sie den geringsten Wunsch des Geringsten der Schöpfung berücksichtigen? Ist es vorstellbar, dass die Ausgewogenheit und Weisheit des Schöpfers das große Flehen und Anfragen des Menschen nach Hilfe ignorieren? Oder dass diese Eigenschaften sich widersprüchlich verhalten und die Majestät und die Würde der Herrschaft Gottes außer Acht lassen, indem sie die Rechte und die Ansprüche Seiner Diener nicht wahren?

Der Mensch wird belohnt oder sanktioniert

Der Mensch, dessen irdisches Leben so kurz ist, kann die wahre Essenz der Gerechtigkeit in dieser vergänglichen Welt nicht erfahren; dies zu gewähren bleibt einem obersten Gericht vorbehalten. Die wahre Essenz der Gottesgerechtigkeit erfordert, dass der Mensch, dieses physisch so winzige Wesen, nicht seiner physischen Winzigkeit entsprechend, sondern seiner metaphysischen Persönlichkeit und seiner Eigenschaft als Rechtssubjekt und seines Rechts bzw. Unrechts entsprechend gemäß der Bedeutsamkeit seines Wesens und der Wichtigkeit seines Auftrags belohnt oder sanktioniert wird. Weil diese physische, vergängliche Welt weit davon entfernt ist, zum einen eine solche Weisheit und Gerechtigkeit für den Menschen, der für die Unendlichkeit geschaffen ist, widerzuspiegeln, zum anderen die Handlungen des Menschen angemessen und gerecht zu bewerten, muss es eine ewige Hölle und ein immerwährendes Paradies geben. Die Hölle und das Paradies sind vom Gerechten und Weisen Einen erschaffen worden und widerspiegeln Seine Schönheit in Seiner Allgewalt und seine Allgewalt in Seiner Schönheit.

Resümee

Ist es vorstellbar, dass der Majestätische Eine, der Seine Souveränität als Herrscher im gesamten Universum – von den Atomen bis hin zu Galaxien – durch Weisheit und vorherrschende Ordnung, Gerechtigkeit und Ausgewogenheit reflektiert, Seine Gunst jenen Gläubigen verweigert, die Seinen Schutz suchen, die an Seine Weisheit und Gerechtigkeit glaubend und Ihn anbetend in Übereinstimmung mit diesen Eigenschaften agieren? Ist es vorstellbar, dass Gott jene Aufsässigen, die Seine Weisheit und Gerechtigkeit abstreiten und sich dreist gegen Ihn wenden, nicht zurechtweist?

Weil in dieser vergänglichen Welt kaum ein Tausendstel Seiner Weisheit und Gerechtigkeit gegenüber den Menschen etabliert ist, kann es als sicher gelten, dass deren Zeit erst später kommt. Denn die meisten der Fehlgeleiteten verlassen diese Welt ungestraft, und die meisten Rechtgeleiteten verlassen sie ohne Lohn.

Solche Angelegenheiten werden ganz gewiss einem obersten Gerichtshof übertragen und an einem Ort der Glückseligkeit verhandelt.

Vierte Szene der Allegorie

SCHAU DIR DIE UNVERGLEICHLICHEN JUWELEN AN, DIE hier auf unzähligen Messen zur Schau gestellt werden. Diese Messen und die großartigen Gerichte auf dem Tisch deuten darauf hin, dass der Herrscher dieses Landes unermesslich großzügig ist und eine Schatzkammer von unfassbarer Fülle besitzt.

Eine solche Großzügigkeit und ein solch unendlicher Reichtum verdienen und erfordern ein unvergängliches Land des Festmahls, wo alles vorzufinden ist, was das Herz begehrt. Sie bedingen außerdem, dass alle, die sich an den Genüssen erfreuen, dort weiter verweilen, damit ihr Genuss nicht durch Abschieds- und Trennungsschmerz verdorben wird. Denn so, wie die Vergänglichkeit des Schmerzes Genuss bereitet, so bereitet auch die Vergänglichkeit des Genusses Schmerz.

Schau dir die Vernissagen und Galerien an und achte auf die Kundgebungen. Höre auf die Herolde, die die schönen und feinen Kunstwerke des wunderwirkenden Herrschers darstellen und verkünden! Sie präsentieren die Vollkommenheit des Herrschers. Sie teilen uns seine Schönheit mit. Sie berichten uns von den Feinheiten seiner verborgenen Schönheit. Demzufolge muss er über eine sehr erstaunliche Vollkommenheit und spirituelle Schönheit verfügen.

Die verborgene und makellose Vollkommenheit erfordert Betrachter, die sie schätzen, bewundern, „Großartig! Wie schön hat es Gott gewollt!“[38] rufen und sie dadurch ent-

---

38 *maaschā' Allāh*

hüllen und bekannt machen. Die verhüllte und unvergleichliche Schönheit wünscht gesehen zu werden und sich selbst zu sehen, und zwar auf zweierlei Art: Erstens betrachtet Er Seine eigene Schönheit in den verschiedenen Spiegeln Seiner Schöpfung und zweitens, in den Augen der freudigen Betrachter und erstaunten Bewunderer. Diese Schönheit wünscht also, sich zu sehen und gesehen zu werden, sich ewig zu betrachten und unendlich betrachtet zu werden.

Diese ewige Schönheit wünscht eine ewig währende Existenz für diejenigen, die sie würdigend mit Sehnsucht und Begeisterung betrachten. Ewige Schönheit gibt sich nicht mit vergänglicher Bewunderung zufrieden, denn die Zuneigung eines Bewundernden, der dazu verurteilt ist, ohne Wiederkehr zu sterben, würde sich mit der Vorstellung des Todes unweigerlich in Feindschaft verwandeln. Bewunderung und Respekt würden sich in Verachtung verwandeln, denn der Mensch ist feindlich gesinnt gegenüber dem Unbekannten und Unerreichbaren.

Allerdings sehen wir, dass jeder dieses Gästehaus, in dem wir uns befinden, schnell wieder verlässt und verschwindet. Jeder erblickt vielleicht nur für einen Augenblick einen Schimmer oder einen schummrigen Schatten dieser Vollkommenheit und Schönheit und bricht auf, ohne sich satt gesehen zu haben.

Folglich können wir nur annehmen, dass wir auf dem Weg zu einer ewig währenden Promenade sind.

Vierte Wahrheit: Die Kunstfertigkeit, Großzügigkeit und Schönheit des Schöpfers

DAS TOR DER GROSSZÜGIGKEIT UND DER SCHÖNHEIT ist die Widerspiegelung Seiner Namen „der Großzügige“ und „der Schöne“.[39]

Ist es vorstellbar, dass grenzenlose Großzügigkeit und Freigebigkeit, unerschöpfliche Reichtümer und Schätze, unvergleichliche ewige Schönheit sowie immerwährende Perfektion nicht die Existenz dankbarer Bittsteller, sehnsüchtiger Reflektoren und staunender Zuschauer erfordern, deren Bestimmung es ist, sich an einem Ort der Glückseligkeit und des Festmahls aufzuhalten?

An einem Zweig, so fein und hauchdünn wie ein Draht, der sich an den festen Ast eines groben knochentrockenen Baumes schmiegt, wird eine meisterhaft geformte und überwältigend geschwungene Blume, eine überaus kunstfertig gearbeitete, juwelengleiche Frucht angehängt. All dies spricht ohne Zweifel die Sprache einer feinen Kunstfertigkeit, übermittelt von einem sehr erfahrenen, weisen und geheimnisvollen Schöpfer an alle Lebewesen. Tierwelt und Pflanzenreich unterscheiden sich in Bezug auf diese Eigenschaften der Kunstfertigkeit nicht. Die Erde wurde als Ausstellung mit schönen Juwelen, nämlich Blumen und Früchten, geschmückt. Dieser Ausstellung dienen die Sonne und der Mond als Laternen. Des Weiteren dient die Erde

39 Bâb-ı *Cûd* ve *Cemâldir*. İsm-i *Cevâd* ve *Cemîlin* cilvesidir.

ihren Bewohnern als reichgedeckte Tafel und jeder fruchttragende Baum als eine Schüssel auf diesem gewaltigen Tisch, die sich in jeder Jahreszeit von Neuem füllt. Die besten Sorten, sei es Obst oder Gemüse, werden in überbordender Fülle hervorgebracht. All dies zeigt das Vorhandensein unendlicher Großzügigkeit und Freigebigkeit.[40]

Großzügigkeit erfordert Fortbestand

Diese Freigebigkeit und Großzügigkeit, diese unerschöpflichen Schätze der Barmherzigkeit verlangen nach einem beständigen Ort der Glückseligkeit und nach der Fortsetzung dieses Festmahls, das alle wünschenswerten und begehrten Dinge umfasst.

Großzügigkeit wünscht sich ewige Begünstigte

Sie erfordern ferner, dass diejenigen, die sich dieses Ortes der Glückseligkeit erfreuen, dies auf ewig in aller Ruhe tun können, ohne die Qualen von Stillstand und Trennung zu erleiden. Denn so, wie die Vergänglichkeit des Schmerzes Genuss bereitet, so bereitet auch die Vergänglichkeit des Genusses Schmerz – etwas, das unbegrenzte Großzügigkeit niemals gutheißen würde. [Stellen wir uns eine Person vor, die vor einer gedeckten Tafel sitzt. Ihr wird gesagt, dass sie von allem essen darf, jedoch in einigen Stunden hingerichtet wird. Kann diese Person dieses Mahl genießen? Wohl kaum. Der Gedanke an ihre Hinrichtung wird sie daran hindern, die Speisen zu genießen. Denn die Vergänglichkeit des

---

40 vgl. al-Wāqiʿa, 56:63 – 67.

Genusses bereitet Schmerz.] Deshalb ist sowohl die Existenz eines ewigen Paradieses als auch die von Bittstellern, die in ihm in Ewigkeit verweilen, zwingend geboten.

Grenzenlose Großzügigkeit zielt auf unendliche Dankbarkeit ab

Grenzenlose Großzügigkeit und Freigebigkeit wollen unendliche Wohltaten und Gefälligkeiten zuteilwerden lassen; diese zielen wiederum auf unendliche Dankbarkeit ab. Daher müssen die an diesem Geben und Nehmen von Wohltaten Beteiligten ein ewiges Leben genießen. Eine oberflächliche Zufriedenheit, die durch eine begrenzt gewährte Zeitdauer oder ein allmähliches Abklingen zerstört wird, ist mit der Zielsetzung der unbegrenzten Großzügigkeit und Freigebigkeit nicht vereinbar.

Die Vollkommenheit des Schöpfers

Denk einmal über die verschiedenen schöpferischen Ausstellungen und Vernissagen in der Welt nach, von denen jede einzelne die Kunstfertigkeit Gottes offenbart und mit der Vielfalt ihrer Pflanzen und Tiere Seine Existenz als Herrscher verkündet. Höre auf die Propheten und Gottesfreunde, die Herolde, die ihrerseits die Schönheiten Seiner Herrschaft verkünden. Sie alle weisen einmütig auf die makellose Vollkommenheit des Majestätischen Schöpfers hin; sie alle zeigen auf Seine wunderbaren Künste und fordern die Menschen auf, diese zu bewundern.

Der Schöpfer dieser Welt verfügt also über eine äußerst bedeutsame, erstaunliche und verborgene Vollkommenheit, die Er uns anhand Seiner wunderbaren Kunstfertigkeiten bekannt machen will. Denn eine verborgene Vollkommenheit sehnt sich danach, erkannt, bewundert und geschätzt zu werden. Ewige Perfektion erfordert ewige Reflexion, die wiederum die ewige Existenz jener erfordert, die sie wertschätzen und bewundern. In den Augen eines sterblichen Bewunderers verliert Vollkommenheit an Wert.

Die Schönheit des Schöpfers

Raffinierte Verzierungen und überwältigendes Handwerk, die in den Geschöpfen dieser Welt zu Tage treten, bezeugen die *vorzüglichen Eigenschaften* einer unübertroffenen, verborgenen, immateriellen Schönheit, wie das Sonnenlicht die Existenz der Sonne bezeugt.

Sie vermitteln die *feingliedrigen Gnaden* einer unvergleichlichen *verschleierten Schönheit*. Diese abstrakte Schönheit weist also darauf hin, dass es bei den Namen Gottes *Widerspiegelungsschätze* von diesem heiligen Antlitz gibt. In jedem Namen Gottes sind sogar viele Schätze von jener Schönheit verborgen.

V. Allegorie von Fluss und funkelnden Wassertropfen

Die Schönheit der Geschöpfe ähnelt den funkelnden Tropfen auf einem Fluss. Obwohl diese leuchtenden Wassertropfen im Fluss weiterfließen, bleibt das Licht an derselben Stelle des Flusses. Jeder Wassertropfen leuchtet lediglich an dieser einen Stelle auf und erlischt danach. Dann leuchten die nachfolgenden Wassertropfen auf und erlöschen ebenfalls. Das zeigt, dass die Quelle des Lichtes nicht die Wassertropfen sind bzw. der Fluss ist, sondern sie dienen lediglich als Spiegel für eine andere Lichtquelle, nämlich die Sonne.

Von der Allegorie zur Wahrheit
[Der Fluss steht für die Zeit, die Wassertropfen für die Geschöpfe und das Licht für die Schönheit. Das ständige Auftreten und Verschwinden der Schönheiten der Lebewesen im Fluss der Zeit zeigen eindeutig, dass das Licht der Schönheit nicht in ihnen selbst liegt, sondern sie dienen lediglich als Spiegel der abstrakten, heiligen, makellosen Schönheitssonne des Schöpfers.]

Ewige Schönheit erfordert ewige Bewundernde und Liebende

Eine so erhabene, unvergleichliche und verborgene *Schönheit*[41] verlangt danach, ihre vorzüglichen Eigenschaften in einem Spiegel zu betrachten und den *Grad ihrer Schönheit* und den *Umfang ihres Antlitzes* in einer *bewussten, sehnsüchtigen Reflexion* zu sehen; darüber hinaus will sie, manifest zu werden, sodass sie sich selbst durch die Augen anderer betrachten kann. Das heißt, sie will sich auf zweierlei Art und Weise betrachten – erstens dadurch, dass sie sich selbst in den Spiegeln unterschiedlicher Farben anschaut; und zweitens durch den Anblick überwältigter Bewunderer, die sie sehnsüchtig bezeugen. Folglich wünscht Schönheit zu sehen und gesehen zu werden und erfordert die Existenz von sehnsüchtigen Bezeugenden und überwältigten Bewunderern. Der Schöpfer betrachtet seine eigene Schön-

41 Also die Schönheit des Schöpfers

heit in den Spiegeln der Schöpfung, auf den Antlitzen der Bewusstseinswesen. Er lässt seine Schönheit in den Augen verliebter Bezeugender erblicken. Weil die Schönheit Gottes aber ewig und immerwährend ist, müssen die Bezeugenden und Bewundernden über ein ewiges Leben verfügen. Denn ewige Schönheit kann niemals mit vorübergehenden Bewunderern zufrieden sein. Die Liebe eines Bewunderers, die zu permanenter Trennung verdammt ist, wird sich, sobald der Gedanke an die Trennung erst einmal die Oberhand gewinnt, sehr bald in Hass umwandeln. Bewunderung wird zu Geringschätzung, Respekt zu Verachtung führen.

Denn, so wie ein egoistischer Mensch Feind alles Unbekannten ist, stellt er sich auch allem entgegen, was er [mit Vernunft und Händen] nicht erreichen kann. Ein solcher Mensch reagiert der Schönheit des Schöpfers gegenüber mit stillschweigender Missgunst, Feindseligkeit und Ablehnung, obwohl diese Schönheit grenzenlose Liebe und unbegrenzte Begeisterung und Bewunderung verdient. Hierin finden wir auch den Hauptgrund für die Feindseligkeit des Verkenners gegenüber Gott.

Ähnlich wie ein einfacher Mann, der sich in eine weltberühmte Schönheit verliebt und die Frau weist ihn zurück. Um sich zu trösten sagt sich der Mann: „Wie hässlich sie doch ist!“ Er leugnet einfach ihre Schönheit. Oder wie ein Bär, der unter einem Weinstock steht und dessen süße Trauben fressen möchte. Weil er aber nicht an die Trauben herankommt, sagt er sich: „Die Trauben sind sicher sauer“, und zieht brummend von dannen. Diese und ähnliche Geschichten wurden sogar zu Sprichwörtern im Volksmund.[42] Kurzum: Eine so grenzenlose Großzügigkeit und Freigebigkeit, eine so absolute Vollkommenheit und unvergleichliche Schönheit – sie alle erfordern die Existenz von Bittstellern und Bewunderern, deren Sehnsucht und Dankbarkeit ewig sind. Wir erkennen jedoch, dass die Gäste in diesem Gasthaus der Welt von dieser Großzügigkeit nur für einen Augenblick kosten und es verlassen, ohne ihren Hunger und ihren Durst [nach den Gnadengaben] gestillt zu haben. Jeder erblickt vielleicht nur für einen Augenblick einen Schimmer oder einen schummrigen Schatten dieser Vollkommenheit und Schönheit und bricht auf, ohne diese in Gänze genossen zu haben.

Daraus folgt, dass die Menschen zu einem Ort ewiger Glückseligkeit reisen werden, an dem sie erhalten werden, was diese Bedürfnisse vollkommen stillt.

Also: So entschieden diese Welt mit all ihren Geschöpfen die Existenz des Majestätischen Schöpfers vertritt, so deutlich bezeugen und bedingen auch Seine heiligen Attribute und Namen die Existenz des Jenseits.

---

42 Siehe die Fabel „Der Fuchs und die Trauben": In dieser Fabel zeigt sich ein Fuchs verächtlich über die Trauben, die er nicht erreichen kann: „Der Fuchs biss die Zähne zusammen, rümpfte die Nase und meinte hochmütig: „Sie sind mir noch nicht reif genug, ich mag keine sauren Trauben." Mit erhobenem Haupt stolzierte er in den Wald zurück." Die Fabel karikiert den unehrlichen Umgang mit einer Niederlage: Um sich nicht eingestehen zu müssen, dass er die Trauben nicht erreichen kann, behauptet der Fuchs, sie gar nicht erreichen zu wollen. siehe Wikipedia-Artikel „Der Fuchs und die Trauben") So gibt es auch die Redewendung „Dem Fuchs hängen die Trauben zu hoch".

Fünfte Szene der Allegorie

SCHAU! ALL DIESE VORGÄNGE ZEIGEN UNS, DASS DER Unvergleichliche Eine grenzenlos barmherzig ist. Allen Geplagten und Unglücklichen eilt Er zur Hilfe. Er gibt auf jede Bitte und jeden Wunsch eine Antwort. Und schau, voller Barmherzigkeit befriedigt er auch das kleinste Bedürfnis eines noch so unscheinbaren Bürgers.[43] Ist beispielsweise das Bein eines Schafes eines Hirten verletzt, schickt er entweder ein Heilmittel oder einen Tierarzt.

Komm jetzt, lass uns gehen. Auf der Insel findet eine große Versammlung statt. Alle vornehmen Bürger haben sich dort eingefunden. Schau nur, ein außergewöhnlich ehrwürdiger Adjutant, der eine hohe Auszeichnung trägt, hält gerade eine Rede. Er bittet den barmherzigen König um einige Dinge. Alle Leute pflichten ihm bei: „Ja, auch wir bitten darum."

Höre nun, was der Liebling dieses Königs sinngemäß zu sagen hat und wie er fleht:

„Unser Herr! Du, der Du uns mit Deinen Gnadengaben versorgst. Zeige uns die Quellen und die Ursprünge der Kostproben, die Du uns hast schmecken lassen, und der Schatten, die Du uns gezeigt hast. Versammle uns nahe bei der Hauptstadt Deines Reiches. Lass uns nicht in dieser Wüste umkommen. Gewähre uns Zutritt zu Deiner Gegenwart. Erbarme Dich unser. Ernähre uns dort mit den schmackhaften Gnadengaben, die Du uns hier hast kosten

---

43 El-Muʾmin 40:60: „Und euer Herr hat gesagt: ‚Ruft Mich an, (und) Ich werde euch antworten.'"

lassen. Plage uns nicht mit Vergänglichkeit und Verbannung. Überlasse Deine sehnsüchtigen, dankbaren und gehorsamen Bürgern nicht der Einsamkeit und gib sie nicht der Vernichtung preis."[44] Du hast gehört, was er sagt und wie er fleht.

Glaubst du immer noch, dass der barmherzige und mächtige König den bescheidensten Wunsch eines einfachsten Menschen erfüllt, Seinem geliebtesten und edelsten Adjutanten aber den innigsten Wunsch nicht in Erfüllung gehen lässt? Wo doch der Wunsch des Lieblings auch dem Wunsch aller Menschen entspricht?

Die Bitte entspricht ferner dem Wohlgefallen des Königs; und außerdem verlangen die Barmherzigkeit und Gerechtigkeit des Königs die Erfüllung dieser Bitte. Sie ist ihm ein Leichtes und mit keinerlei Schwierigkeit verbunden. Sie bereitet ihm nicht einmal so viel Schwierigkeiten wie die Erschaffung dieses vergänglichen Ortes des Vergnügens und der Erholung im Gästehaus.

Da er schon für dieses Land, das ja nur ein kurzzeitiges Ausflugsziel für fünf oder sechs Tage ist, so viel investiert hat, um uns Kostproben seiner Gnadengaben zu zeigen, wird er unseren Verstand in der Hauptstadt seines Reichs zweifellos in noch größeres Staunen versetzen, wenn er uns seine

---

44 Āl ʿImrān 3:193–194: „Unser Herr! Wir haben wahrlich einen Rufer gehört, der zum Glauben aufgerufen hat: ‚Glaubt an euren Herrn!' Und so haben wir geglaubt. Unser Herr, so vergib uns unsere Schuld, und bedecke unsere üblen Taten, und reihe uns nach unserem Tod bei Dir unter die wirklich Rechtschaffenen und Tugendhaften ein. Unser Herr! Und lass uns zuteil werden, was Du uns durch Deine Gesandten versprochen hast. Und stürze uns nicht in Schande am Tag der Auferstehung; wahrlich, Du brichst niemals Dein Versprechen."

wahren Schätze, seine Vollkommenheit und seine Fertigkeiten enthüllt.

Diejenigen, die sich hier an diesem Prüfungsort befinden, sind sich deshalb nicht selbst überlassen; vielmehr warten Paläste der Glückseligkeit oder Kerker auf sie.[45]

---

45 Vgl. El-Qiyāma 75:37–40: „Meint der Mensch etwa, dass er sich selbst überlassen bleibt (um herumzulaufen, wie es ihm gefällt)? War er denn nicht einst lediglich ein Samentropfen, der ausgestoßen wurde? Dann wurde er zu einem Blutklumpen (der sich an der Gebärmutterwand festklammerte), und Er erschuf ihn und formte ihn auf angemessene Weise; Dann machte er ein Paar aus ihm, den Mann und die Frau. Ist nicht Er (der dies tut, geradeso) imstande, die Toten zum Leben zurückzubringen?"

Fünfte Wahrheit: Das Gebet des Propheten

DAS TOR DES GOTTESERBARMENS UND DIE GOTTESdienerschaft (Abd-Heit) Muhammeds, Gott segne und schenke ihm Heil, ist die Widerspiegelung Seiner Namen „der Beantworter der Gebete“ und „der Erbarmer“.

Ist es überhaupt möglich, dass ein Herrscher mit grenzenlosem Mitgefühl und vorbehaltlosen Erbarmen, der auch das geringste Bedürfnis Seiner rangniedrigsten Geschöpfe in ganz und gar unerwarteterweise stillt, der auch auf den leisesten Hilfeschrei Seiner gewöhnlichsten Geschöpfe reagiert und der alle Bittgebete, sei es durch Wesens- oder Mundsprache, erhört und beantwortet, die größte Bitte des bedeutendsten Seiner Diener, Sein Geschöpf, das Er am meisten liebt, nicht beachtet und dessen erhabenes Gebet nicht hört und erhört?

Der Gesandte Gottes ist das bedeutendste Geschöpf des Seins und der Zeit

Das Licht der Person Ahmeds (Friede sei mit ihm) hat das Bild des Kosmos verändert. Die wahre Beschaffenheit und Essenz der Menschen und aller Lebewesen im Universum sind durch dieses Licht zum Vorschein gekommen; wir lernen von ihm die Essenz, dass nämlich jeder einzelne Mensch ein Buch des Unabhängigen Einen darstellt und die Namen Gottes verkündet. Zudem lernen wir von ihm, dass jeder Einzelne ein wertvolles und bedeutendes Lebewesen ist, dem von Gott bestimmte Aufgaben übertragen wurden und das für die Unendlichkeit bestimmt ist.

Gäbe es jenes Licht der Wegweisung nicht, wären die Lebewesen dem Untergang geweiht und blieben ohne jeglichen Wert, ohne jede Bedeutung oder Verwendung. Sie wären nichts anderes als verwirrte Spielbälle des blinden Zufalls. Die ganze Welt würde in die Finsternis illusorischer Spekulationen versinken.

Die spirituelle Herrschaft des Gesandten Gottes

Außerdem hat die spirituelle Herrschaft des Gesandten seit vierzehn Jahrhunderten Bestand, Milliarden von Menschen versichern ihm täglich von neuem ihre Gefolgschaft, legen ständig Zeugnis von seiner Vollkommenheit ab und folgen seinen Anordnungen in vollständiger Hingabe. Seine spirituelle Veranlagung bzw. Farbe formte und färbte zudem den halben Globus und ein Viertel der Menschheit. Er ist der Herr der Herzen, Lehrmeister der Seelen, Stolzgrund der Menschheit und des Universums, der Einzigartige des Seins und der Zeit. Er ist ohne Zweifel der bedeutendste Diener des Herrn der Welten. Außerdem trägt die überwiegende Mehrheit des Seins *eine Wunderfrucht dieser Person* und applaudiert seinem Auftrag und seiner Berufung. Somit zeichnet sich diese Person als das Lieblingsgeschöpf des Erschaffers dieses Seins aus.

Die Bedeutsamkeit seines Bittgebets

Der Wunsch nach Beständigkeit und Fortdauer, der der Natur jedes Menschen innewohnt und der ihn von der *tiefsten Tiefe* zur *höchsten Höhe* erhebt, ist der bedeutendste aller Wünsche. Der ranghöchste Seiner Diener hat erst recht das

Bestreben, seinem Schöpfer diesen ranghöchsten Wunsch vorzulegen und dafür zu beten.

Schau, wie er in so vollkommener Bitte und Verehrung um ewiges Glück betet, dass es den Anschein erweckt, als bete und flehe die ganze Arabische Halbinsel, ja sogar die ganze Welt mit ihm! Denn in seine Verehrung fließt nicht nur die Verehrung seiner Gemeinschaft, sondern auch die Essenz der Verehrung aller anderen Propheten und deren Gehorsam gegenüber demselben Einen Herrn ein. Er verrichtet sein erhabenes Gebet inmitten einer so großen Gemeinschaft, dass man meint, alle ruhmreichen und vollkommenen Menschen von der Zeit Adams bis hin zur Gegenwart und sogar bis zur Auferstehung folgen ihm im Gebet und sagen auf sein Bitten hin „Amen!".[46] Von dem Zeitpunkt, zu dem der Prophet Muhammed (Friede und Segen seien mit ihm) seine erste Bitte äußerte, bis in unsere Zeit sind alle von seiner Gemeinschaft gesprochenen Bittgebete um Frieden und Segen für ihn eine Art ständigen Amens zu diesem bedeutendsten Bittgebet um Unendlichkeit. Dies ist eine Form universeller Teilhabe an seiner Gebetsgemeinschaft. Jedes von Musliminnen und Muslimen im Verlaufe

---

46 Aus diesem Grund bestätigen die Menschen das Bittgebet der Person Ahmeds (Friede und Segen seien mit ihm) mit „Amen". Das ganze Sein sogar, von Thron Gottes bis hin zur Erde, von Boden bis zum Siebengestirn rühmt sich mit seinem Licht und zeigen ihm gegenüber Verbundenheit. Fürwahr, der Geist, die Essenz der Gottesdienerschaft Ahmeds (F. s. m. i) ist das Bittgebet. Ja sogar, die ganzen Bewegungen und Dienstleistungen des Universums sind eine Art Bittgebet. Beispielsweise ist das Bewegen eines Samenkorns eine Art Bittgebet, welches von seinem Schöpfer anfragt, ein Baum zu werden.

des Hauptgebets gesprochene Bittgebet um Frieden und Segen für ihn – und gemäß der schafiitischen Rechtsschule das Bittgebet für Muhammed (Friede sei mit ihm) nach dem zweiten Ruf zum Hauptgebet – stellt ein kraftvolles und universelles Amen auf seine Bitte um ewige Glückseligkeit dar. Die von allen Menschen mit all ihrer Kraft in Übereinstimmung mit ihrer ursprünglichen Grundveranlagung ersehnte Unendlichkeit und immerwährende Glückseligkeit erbittet der Prophet Muhammed (Friede sei mit ihm) somit stellvertretend. Und der erlesene und erleuchtete Teil der Menschheit sagt hinter ihm „Amen!".

Das ganze Universum betet mit

Der Prophet äußert einen so universellen Wunsch [Fortleben im Jenseits], dass nicht nur die Bewohner dieser Erde, sondern auch jene der Himmel und die gesamte Schöpfung seine Bitten begleiten. Auch alle anderen Geschöpfe tun es ihnen gleich, von der Erdoberfläche bis hin zum Thron Gottes und vom Inneren des Bodens bis hin zu den Sternen. Sie sagen mit ihrer Sprache des Verhaltens[47]: „Ja, o Herr! Erhöre sein Gebet; auch wir bitten darum!" Alle Bewegungen und Ereignisse des Universums sind also ihrem Wesen nach Bittgebete, zum Beispiel das Heranwachsen eines Samenkorns zu einem Baum. So bittet der Prophet stellvertretend für die ganze Schöpfung in so traurigem Tonfall und mit so viel Sehnen nach immerwährender Glückseligkeit, dass die ganze Schöpfung zu Tränen gerührt ist und in sein Flehen

47 Lisan-ı hal

einstimmt. Kann es sein, dass eine so universelle Bitte nicht erhört werden würde?

Der angebetete Schöpfer ist barmherzig und gewahr

Die Gnade und Mühelosigkeit der Versorgung und Erziehung der schwachen Tiere sowie der Tierjungen zeigt, dass der Eigentümer dieses Universums Seine erziehende Herrschaft (Rabb-Heit) mit uneingeschränkter Barmherzigkeit ausübt. Ist es überhaupt vorstellbar, dass ein solches Erbarmen und eine solche Barmherzigkeit in der Ausübung der erzieherischen Herrschaft (Rabb-Heit) das schönste Gebet des Vorzüglichsten der ganzen Schöpfung zurückweisen könnten?

Die Verwaltung der Verfügungsinstanz dieses Universums gründet – durch augenscheinliche Beobachtung – auf Bewusstsein, Wissen und Weisheit. Es ist ganz und gar unmöglich, dass dieser Verfüger kein Wissen und keine Kenntnis der Handlungen der erlesensten Person unter Seinen Geschöpfen habe. Deshalb ist es unmöglich, dass jener allwissende Verfüger den Handlungen und Bittgebeten jener erlesenen Person gegenüber gleichgültig bleibe und keine Miene verziehe. Auch ist es unmöglich, dass dieser allmächtige barmherzige Verfüger seine Gebete nicht erhöre, obwohl er seinen Bittgebeten gegenüber äußerst aufmerksam ist.

Reise ins Zeitalter des Glücks

Mein Freund, der du gemeinsam mit meinem *nefs* diese Worte hörst! Wir haben in der allegorischen Geschichte eine Versammlung auf einer Insel erwähnt, bei der ein ehrwürdiger Adjutant eine Rede hält. Um der Wahrheit, die in dieser Allegorie liegt, auf die Spur zu kommen, wollen wir uns von unserer gegenwärtigen Zeit entledigen und uns in unserer Vorstellung auf die Arabische Halbinsel, gedanklich in das Zeitalter des Glücks des edelmütigen Gesandten (Friede sei mit ihm) begeben. Denn wir wollen ihn besuchen und beobachten, während er seine Aufgabe (Gottes Gesandtschaft) erfüllt und seine Gottesdienerschaft *(Abd-Heit)* verrichtet.

Schau, sowie diese Person aufgrund seiner Gesandtschaft und Rechtleitung ein *Grund fürs Zustandekommen* und ein *Mittel zur Erlangung* ewiger Glückseligkeit darstellt, so gilt er infolge seiner Gottesdienerschaft und des Bittgebets als *raison d'être* jener Glückseligkeit und *Anlass* für die Erschaffung des Paradieses.

Wen und um was bittet der Gesandte?

Schau! Der Prophet bittet den Hörenden und Großzügigen Allmächtigen, den Sehenden und Barmherzigen Allwissenden, der ganz offensichtlich den verborgensten Wunsch und das geringste Begehren des unbedeutendsten Seiner Geschöpfe sieht, hört, annimmt und sich erbarmt, um ewige Glückseligkeit. Gott beantwortet alle Bittgesuche, selbst jene, die durch die Sprache des Verhaltens gestellt werden. Er beantwortet und gewährt Seine Gunstbeweise so barmherzig, so weise und so angemessen, dass niemand bezweifeln kann, dass es sich bei dem, der all dies gewährt und der auf all dies reagiert, um einen Hörenden, Sehenden, Großzügigen und Barmherzigen Einen handelt.

Und um was bittet der Stolzgrund des Universums? Er steht auf dieser Erde, stellt sich vor die Menschenkinder, öffnet seine Hände dem Thron Gottes und bietet Ihm sein Gebet dar. Dieses Bittgesuch bringt an und für sich die Zusammenfassung sämtlicher Gottesdienerschaften der Menschengattung, die seitens der Wahrheit der Gottesdienerschaft Ahmeds (Friede sei mit ihm) umfasst werden, zum Ausdruck. Um was bittet er, der Stolzgrund der Menschheit, der einzigartige des Seins und der Zeit? Lass uns ihm Gehör schenken!

Er bittet um ewige Glückseligkeit für sich selbst und für seine Gemeinschaft; er bittet um die Ewigkeit und um das Paradies. Er bittet durch und mit allen heiligen Namen Gottes, deren Schönheit sich in den Geschöpfen widerspiegelt. Man sieht ganz eindeutig, dass er in diesen Namen Fürsprache sucht. Gäbe es daneben nicht unzählige weitere bestätigende Gründe und Beweise für die Erschaffung des Jenseits – dieses einzige Gebet dieser erhabenen Person würde ausreichen, den Barmherzigen Schöpfer zu veranlassen, das Paradies zu errichten, etwas, was der Macht des Barmherzigen genauso leicht fällt, wie unseren Frühling entstehen zu lassen.

Die Erfüllung seines Bittgebets ist für den Schöpfer leicht

Im Vergleich zum Jenseits ist die Seite dieser Erde äußerst eng und beschränkt. Die unzähligen, wunderbaren Muster der Kunstfertigkeit sowie Beispiele der Wiederversammlung und der Auferstehung auf dieser engen und beschränkten Seite der Erde zu zeigen und all die geordneten 300.000 Arten der Kunstwerke, die jeweils einem Buch entsprechen, darauf in vollkommener Ordnung zu schreiben und einzufügen, ist sicherlich – [aus begrenzter menschlicher Sicht] – schwieriger als die Errichtung und Erschaffung des feinen und wohlgeordneten Paradieses im weiten Raum der jenseitigen Welt.

Man kann sagen: So erhaben das Paradies dem Frühling ist, so „komplex“ und erstaunlich ist die Erschaffung der Frühlingsgärten im Vergleich zum Paradies.

Ja, warum sollte die Erschaffung des Paradieses für den absolut Allmächtigen Einen schwer wiegen, wo Er doch in jedem unseres Frühlings die Erde zu einem riesigen Schauplatz macht, worin Er hunderttausende Beispiele von „Wiederauferstehungen“ bewirkt?

Resümee

Wie gesagt, so wie die Gesandtschaft des Propheten die Errichtung dieses Prüfungshauses veranlasste, wodurch der Sinngehalt *„Wärest du nicht, hätte ich die Welten nicht erschaf-*

fen“[48] manifest wurde, führte auch seine Gottesdienerschaft die Errichtung des Hauses der Glückseligkeit herbei.

Ist es demzufolge überhaupt möglich, dass die Ordnung dieses Universums, die den Menschenverstand in Erstaunen versetzt, die makellose Kunstfertigkeit innerhalb einer umfassenden Barmherzigkeit, die unvergleichliche Schönheit des Antlitzes der erzieherischen Herrschaft (Rabb-Heit) dieses Gebet zurückweisen und somit sich in eine derartige Hässlichkeit, Unbarmherzigkeit und Unordentlichkeit verwandeln?

Das heißt, die erziehende Herrschaft (Rabb-Heit) Gottes soll die geringsten und unscheinbarsten Wünsche hören und sie erfüllen, während sie die bedeutendsten und wichtigsten Wünsche überhört, nicht sieht, nicht wahrnimmt und nicht erfüllt? Nein, mitnichten! Eine solche erhabene Schönheit könnte niemals für so etwas Hässliches empfänglich sein und lässt sich nicht selbst zu etwas absolut Hässlichem verwandeln.

Die Umkehrung von Wahrheitsessenzen in ihr Gegenteil ist unmöglich

Denn die Umkehrung der Wahrheitsessenzen ist nach einstimmiger Meinung unmöglich.[49] Noch unmöglicher bei der

---

48 Dieser Ausspruch/Formulierung wird nach den Hadithkriterien überwiegend schwach, ja sogar überhaupt nicht als Hadith eingestuft. Der Sinngehalt dieses Satzes wiederum wird überwiegend von den Gelehrten bestätigt, unter anderem auch von dem Lehrmeister.
49 *In den usul-Werken ist dies ein gängiges und anerkanntes Prinzip: „Die Umkehrung der rationalen Wahrheitsessenzen ist unmöglich. Beispielsweise: Das im Nachhinein Entstandene kann per Definition*

Umkehrung der Wahrheitsessenzen ist die Umkehrung einer Essenz in ihr Gegenteil. Es ist *a priori* tausendfach unmöglich, dass eine Essenz mit ihrem Gegenteil identisch ist, während sie gleichzeitig ihre Washeit, ihre Beschaffenheit bewahrt. Wie kann zum Beispiel eine grenzenlose Schönheit mit grenzenloser Hässlichkeit identisch sein, während sie ihre wahre Schönheit bewahrt? In unserem Beispiel ist die ersichtliche und tatsächlich existente Schönheit der erziehenden Herrschaft (Rabb-Heit) des Schöpfers angeblich mit absoluter Hässlichkeit identisch, während gleichzeitig ihre absolute Schönheit der erziehenden Herrschaft (Rabb-Heit) bleibt. Kann es eine absurdere Annahme als diese geben? Kurzum, so wie der glorreiche Gesandte durch seine Gesandtschaft Tür und Tor dieser Welt öffnete, machte er infolge seiner Gottesdienerschaft (Abd-Heit) auch Tür und Tor zum Jenseits auf.

Segenswünsche für den Propheten

Der Segen des Barmherzigen, welcher diese Welt und die Gärten des Paradieses umfasst, sei mit ihm. O Gott, gewähre Deinem Diener und Gesandten Segen und Frieden; diesem Geliebten, der der Herr und der Stolz beider Welten ist, die Lebensquelle des Diesseits und des Jenseits, der Anlass zur Erlangung der Glückseligkeit auf Erden und in der anderen Welt, der sowohl die Prophetenschaft als auch die Gottesdienerschaft (Abd-Heit) als zweiflügeliger Abgesandter in

nicht anfangslos sein. Denn die „Anfangslosigkeit" schließt „das Entstehen im Nachhinein" aus.

sich vereint[50] und der der Gesandte für die Menschen und für die Dschinn ist – gewähre ihm und seiner Familie und all seinen Gefährten wie auch seinen Brüdern aus den Reihen der Propheten und Gesandten Segen und Frieden. Amen!

50 In der Begrifflichkeit des Lehrmeisters heißt *dhuldjenāḥeyn* in Bezug auf den Gesandten Muhammed (Friede und Segen seien mit ihm) Folgendes: Sowie diese Person hinsichtlich seiner universellen Dienerschaft (Abdheit) als Botschafter der Dimensionen der Vielheit [der Schöpfung] vor der Pforte Gottes fungiert, so amtiert er hinsichtlich seiner Gottesnähe und seiner Gesandtschaft ebenfalls als Beauftragter [des Schöpfers] für die Dimensionen der Vielheit.

Sechste Szene der Allegorie

Komm nun, und schau! All die beeindruckenden Züge, Flugzeuge, Maschinen, Lagerhäuser, Ausstellungen und Leistungen zeigen, dass es hinter dem Schleier eine prächtige Herrschaft gibt, die regiert. Ein solcher Souverän setzt Bürger voraus, die seiner würdig sind.

Du siehst all die Bürger aber in einem Gästehaus versammelt, das sich täglich von neuem leert und füllt.

Außerdem befinden sich die Bürger zu einem Manöver an einem Ort der Prüfung versammelt, ein Ort, der sich stündlich verändert.

Für einige Minuten halten die Bürger in einer Ausstellungshalle inne, um Beispiele der kostbaren Güte des Herrschers und seine herausragenden antiken Kunstwerke zu betrachten. Die Ausstellung nimmt jedoch ständig eine neue Gestalt an. Was einmal vergangen ist, kommt nicht wieder zurück, und was kommt, ist dazu bestimmt, wieder zu gehen.

Diese Situation und diese Umstände zeigen, dass es jenseits des Gästehauses, des Prüfungsortes und der Ausstellung ewig währende Paläste, beständige Aufenthaltsorte, Gärten und Schatzhäuser gibt, voll von reinen und erhabenen Originalen der Muster und Formen, die wir in dieser Welt sehen.

Um derentwillen bemühen wir uns in dieser Welt. Der Souverän lässt uns hier arbeiten, und dort belohnt er uns. Jeder Mensch erwartet eine Form und eine Intensität des Glücks, die seinem Entwicklungspotenzial entspricht.[51]

---

51 Vgl. Yunus 10:26: „Denjenigen, die Gutes tun und sich bewusst

Sechste Wahrheit: das Universum als Karawanserei

Das Tor der Majestät und der Permanenz ist die Reflexion Seiner Namen „der Majestätische“ und „der Unendliche“.[52] Ist es vorstellbar, dass sich die Majestät Seiner erzieherischen Herrschaft (Rabb-Heit), dessen Anweisung sich alles Existierende von den Sternen und Bäumen[53] bis hin zu den winzigsten Partikeln wie gehorsame Soldaten unterwerfen, vollkommen auf die im Gasthaus dieser Welt lebenden unglücklichen und verwahrlosten, vergänglichen Lebewesen konzentriert und keine permanente Sphäre der Majestät erschafft, um den Reflexions-Kreis Seiner erzieherischen Herrschaft (Rabb-Heit) in unendlichem Umfang zu zeigen?

Die Majestät Gottes

In diesem Universum ist Folgendes zu beobachten:

- Wie im Wechsel der Jahreszeiten zu sehen ist, herrscht eine majestätische Ausführung.
- Wie in den Bewegungen der flugzeugähnlichen Planeten zu erkennen ist, gibt es großartige Manöver.

---

sind, dass Gott sie sieht, ist das Beste bestimmt (von den Belohnungen, die Gott für gute Taten versprochen hat) und noch weit mehr. Weder Schmutz noch Schmach wird ihre Gesichter bedecken. Sie sind die Gefährten des Paradieses; dort werden sie verweilen."

52 Bâb-ı Haşmet ve Sermediyet olup, ism-i Celîl ve Bâkî cilvesidir.

53 Er-Raḥmān 55:6: „Und sowohl die Sterne als auch die Bäume werfen sich (vor Gott) nieder (in vollkommener Hingabe in Seine Gebote)."

- Daran, wie die Erde dem Menschen als Wiege dient und die Sonne den Geschöpfen als Lampe, ist zu erkennen, dass überwältigende Dienstbarmachung herrscht.
- Wie in der Belebung und Verzierung der toten, trockenen Erdkugel zu beobachten ist, gibt es umfassende Verwandlungen.

All dies spricht dafür, dass hinter dem Schleier eine großartige erziehende Herrschaft (Rabb-Heit) steht, die mit prachtvoller Souveränität herrscht.

Eine so souveräne erziehende Herrschaft (Rabb-Heit) erfordert Bürger, die ihrer Majestät angemessen sind, und einen Ort, der ihrer majestätischen Reflexionen würdig ist.

Allerdings beobachtest du, dass Seine Bürger und Diener, die hinsichtlich ihrer Beschaffenheit (Washeit) die wichtigsten und erlesensten sind, sich in diesem Gasthaus der Erde in einem erbärmlichen Zustand befinden und nur für eine beschränkte Zeit zusammengekommen sind. Das Gasthaus füllt und leert sich tagtäglich. Alle Bürger verweilen nur vorübergehend an diesem Ort der Prüfung, damit ihre Dienstleistungen geprüft werden. Das Prüfungsgelände wiederum verändert sich stündlich.

Die wertvollen Musterproben Seiner Güte und die wunderbaren Antiquitäten Seiner Kunstfertigkeit befinden sich auf dem Ausstellungsmarkt dieser Welt. Alle Bürger dieses Souveräns bleiben aber lediglich einige Minuten lang auf dem Markt der Galerien, um Kaufgeschäfte abwickeln und die Ausstellung genießen zu können. Dann verschwinden sie augenblicklich. Außerdem verändern sich Ausstellungsbühne und Ausstellungsmarkt im Minutentakt. Wer kommt, der geht. Wer gegangen ist, kehrt nie wieder zurück.

Dieser Zustand der Dinge demonstriert zweifelsohne, dass es hinter und jenseits dieses Gasthauses, dieser Arena, dieser Verkaufsauslage unvergängliche Paläste und permanente Aufenthaltsorte gibt, in der die immerwährende Souveränität Gottes in vollem Umfang reflektiert wird. Er verfügt über Gärten und Schatzkammern, in denen reine und erlesene Originale gelagert sind, von denen wir in dieser Welt nur Musterproben und Abbilder zu Gesicht bekommen.

Folglich zielt die Leistung im Diesseits darauf ab, das Jenseitige zu gewinnen. Der Souverän lässt hier arbeiten, um dort endgültig zu belohnen. Jeden erwartet – wenn er nicht zu den Verlierenden gehört – eine dem eigenen Potenzial entsprechende Glückseligkeit als Belohnung. Ja, es ist unmöglich, dass eine unendliche Majestät und Herrschaft auf so vergänglichen und flüchtigen Erbärmlichkeiten beruht.

VI. Allegorie von der Karawanserei

Betrachte diese Wahrheit durch das Fernrohr des folgenden Gleichnisses:

Du bist unterwegs. Auf dem Weg erblickst du eine Karawanserei. Eine bedeutsame Persönlichkeit hatte sie als Gasthaus für die Besucher, die Ihm entgegenkommen, errichtet. Diese Person dekoriert das Gasthaus für einen lehrreichen Ausflug. Für die Ausstattung und die Dekoration hat er Millionen von Goldstücken investiert.

Die Gäste können jedoch nur einen Bruchteil dieser Verzierungen und Schönheiten[54] wahrnehmen und das nur für einen flüchtigen Moment; von diesen Gnadengaben kosten sie nur für eine kurze Weile ein winziges Stück, um dann die Karawanserei zu verlassen, ohne satt geworden zu sein. Allerdings macht jeder Gast mit seiner Kamera Fotos von den Gegenständen, die sich in der Karawanserei befinden. Gleichzeitig sind Bedienstete der bedeutenden Persönlichkeit, der die Karawanserei gehört, damit beschäftigt, das Verhalten eines jeden Gastes sorgfältig aufzuzeichnen und die Aufzeichnungen zu bewahren. Du siehst auch, wie diese Persönlichkeit jeden Tag die so kostbaren Verschönerungen und Ausstattungen der Karawanserei abbaut und für neu ankommende Gäste ganz von Neuem aufbaut. Nachdem du das alles gesehen hast, hegst du noch irgendeinen Zweifel daran, dass der Errichter und Eigentümer dieser Karawanserei unermesslich großzügig ist und über unvergängliche, äußerst erhabene Aufenthaltsorte und unerschöpfliche, wertvolle Schatzkammern verfügt?

Durch die in der Karawanserei gezeigte Großzügigkeit[55] beabsichtigt der Eigentümer, das Interesse und den Appetit seiner Gäste für all das, was er in seiner unmittelbaren Gegenwart bereithält, hervorzurufen. Und erweckt dadurch ihr Verlangen nach den für sie vorbereiteten Geschenken. [Die bedeutende Persönlichkeit ist unser Schöpfer. Die Karawanserei, das Gasthaus, steht für unsere Welt. Die Besucher sind die Lebewesen und Menschen. Die persönlichen

---

54 *tezyinat:* Der Koran definiert in El-Kahf 18:46 den Schmuck dieser Welt als das Vermögen und die Kinder, Jugend, Familie usw., also alles, was schön und gut ist.
55 ikram

Kameras sind die Gedächtnisse der Bewusstseinswesen. Die Biensteten sind die Engel und die Aufzeichnungen sind ihre Protokolle. Die Dekorationen und Ausstattungen sind all die Dinge, die den Lebewesen und Bewusstseinswesen auf Erden zur Verfügung gestellt werden.]

Wenn du nun nüchtern über den Zustand des Gasthauses dieser Welt nachdenkst, wirst du aus der Allegorie die folgenden neun Grundsätze ableiten können:

Erster Grundsatz: Die Welt ist ein Gasthaus

Genau wie die Karawanserei existiert auch diese Welt nicht um ihrer selbst willen. Es ist unmöglich, dass sie ihre Funktion und Form aus sich selbst heraus entwickelt hat. Sie ist vielmehr ein mit Weisheit eingerichtetes Gasthaus, welches sich ständig füllt und leert, wenn die Karawane der Geschöpfe sich niederlässt, verweilt und weiterzieht.

Zweiter Grundsatz: Die Weltbewohner sind Gäste

Du erkennst, dass die Bewohner dieser Karawanserei nur Besucher sind. Ihr großzügiger Meister lädt sie jedoch in das Haus des Friedens[56] ein.

Dritter Grundsatz: Die Schönheiten dieser Welt dienen zur Besinnung

Du erkennst, dass die Dekorationen und feierlichen Verschönerungen in dieser Welt nicht existieren, damit man sich an ihnen vergnügt oder sich ihrer schlendernd ergötzt.

56 *dār es-selām;* Vgl. Yunus 10:25: „Und Gott lädt ein zur Wohnstätte des Friedens (wo sie vollkommene Seligkeit, Frieden und Sicherheit genießen werden), und Er leitet, wen immer Er will, auf einen geraden Weg." Zu *dār es-selām* siehe El-En'ām 6:127.

Auch wenn sie kurzzeitig Freude bereiten mögen, so verursachen sie durch ihre Vergänglichkeiten doch langfristig Qualen. Sie lassen sich zwar kosten, um deinen Appetit zu wecken, dennoch reichen sie nicht aus, um dich zu sättigen. Denn entweder ist die Lebensdauer dieser Schönheiten zu kurz oder deine Lebensdauer reicht nicht aus, um sie auszukosten. Demzufolge zielen diese äußerst kostbaren Schönheiten von kurzer Dauer auf Besinnung, auf Dankbarkeit ab. Sie wecken [als Schatten] Begeisterung für die immerwährenden Originale, die Ursprünge. Sie zielen auf weitere, erhabene Zwecke ab.

Vierter Grundsatz: Die Schönheiten dieser Welt dienen nicht dem Selbstzweck

Du erkennst, dass die Schönheiten dieser Welt zugleich Muster und Abbilder der Gnadengaben sind, die durch die Barmherzigkeit des Barmherzigen für Menschen des Glaubens im Paradies bereitstehen.

Obwohl der Wert und die feine Kunstfertigkeit von allen Schönheiten in dieser Welt überaus erhaben und wunderschön sind, sind ihre Dauer und ihre Lebensspanne sehr begrenzt. Folglich gelten sie nur als Kostproben, sie sind Schaumuster und Abbilder von anderen Schönheiten. Sie vermitteln einen Eindruck, der die Gedanken und Blicke der Konsumierenden auf die ursprünglichen Originale lenkt. In diesem Sinne kann gesagt werden, dass die Schönheiten und Verschönerungen in dieser Welt Muster der Gnadengaben des Paradieses sind, die der Barmherzige Erbarmer aufgrund Seiner Barmherzigkeit für Seine geliebten Diener bereitstellt.[57] Genauso ist es.

Drei Zielkategorien der Existenz

Das Dasein jedes Dinges hat zahlreiche Ziele und das Leben jedes Lebewesens dient mehrfachen Zwecken. Ziel und Zweck beschränken sich aber nicht auf sie selbst oder auf diese Welt, sind kein Selbstzweck, wie verkennende Fehlgeleitete sich dies einbilden. Dienten sie dem Selbstzweck, wären sie sinn- und zwecklos. Die Ziele der Existenz und der Zweck des Lebens aller Geschöpfe lassen sich in drei Kategorien aufteilen.

Erstens: Alles existiert primär für Gott und um Gottes willen

Das erste und zugleich erhabenste Ziel betrifft den großen Künstler, den Schöpfer, der alle Geschöpfe in ausgezeichneter Weise erschaffen und mit edelsteinähnlichen Verzierungen ausgestattet hat. Der Anfangslose Zeuge[58] erblickt

---

57 Vgl. El-Baqara 2:25: „Doch verheiße denen, die glauben und Gutes tun, dass ihnen Gärten zuteil werden, durch die Ströme fließen. Wann immer sie eine Frucht (von unterschiedlicher Farbe, Form, Geschmacksnote und Wohlgeruch, die ständig erneuert werden) daraus gereicht bekommen, sagen sie: ‚Das ist (doch dasselbe), was wir (schon) früher (auf Erden) zu essen bekamen.' Doch es wird ihnen nur Ähnliches gegeben (ähnlich dem, was ihnen sowohl in dieser Welt als auch zuvor in den Gärten gegeben worden ist, vertraut in Form und Farbe, damit es ihnen nicht deshalb abstoßend erscheint, weil sie es nicht kennen). Und sie werden darin Gefährten und Gefährtinnen von vollkommener Reinheit (befreit von allen weltlichen Unreinheiten) haben. Und (ewig) werden sie dort verweilen."

58 El-Burūdj 85:3: „Und bei dem, der bezeugt, und dem, was bezeugt wird."

diese kunstvollen, aneinander gereihten Ausstattungen (die Schönheiten Seiner Schöpfung), als ob sie sich wie in einer Parade vor Ihm präsentieren. Für die Erfüllung des ersten Ziels reicht es, wenn diese Schönheiten für einen Augenblick leben. Es reicht sogar, nur das Potenzial zum Leben zu besitzen, die Absicht zu existieren. Dieses erste Ziel erfüllen beispielsweise schnell vergängliche Geschöpfe sowie nicht austreibende Samen und Kerne auf vollkommene Weise – allesamt Meisterwerke. Sie erfüllen also dieses Ziel, auch wenn sie niemals zum Leben erwachen, niemals blühen oder Früchte tragen. Dabei bleiben sie von Vergeblichkeit und Sinnlosigkeit unberührt. Folglich repräsentiert jedes Geschöpf mit seiner Existenz die Allmacht und Kunstfertigkeit Gottes und dient als Ausstellungsstück primär dem Blick Gottes.

Die Geschöpfe als „Heerscharen Gottes" stehen vor Gott in Militärparade

Wenn ein dorniges Gestrüpp den Befehl „Schultert die Gewehre und pflanzt die Bajonette auf!" erhält, ähnelt es einer riesigen Armee im Manöver. Wenn die Blumen verschiedenster Farben in einem geschmückten Garten den Befehl erhalten, ihre Paradeuniform zu tragen und die Orden anzulegen, ähneln sie Soldaten einer Garnison an einem Festtag.

Auf ähnliche Weise erhalten alle Arten von Pflanzen ohne Bewusstsein – die wie Engel, Dschinn, Menschen und Tiere nur eine der unendlich verschiedenen Armeen des Ewigen Königs darstellen – auf der Erde den Befehl *„Sei!"* und treten in der Folge in den Kampf um den Erhalt des Lebens ein. Sie erhalten den Auftrag „Greift zur Verteidigung eurer selbst und zur Erhaltung eures Lebens zur Ausrüstung!“. Wenn die Erde ihre Bajonette, nämlich Bäume und dorniges Gewächs „aufpflanzt“, ähneln sie alle einer großartigen Armee mit aufgerichteten Bajonetten.

Jeder Tag und jede Woche des Frühlings ist für die Pflanzen wie ein Festtag. Jede einzelne präsentiert sich dem beobachtenden und bezeugenden Blick des Ewigen Königs mit juwelenverzierten Dekorationen, die Er ihr gewährt hat, als stünde sie in einer Parade Seiner wertvollen Geschenke. Es scheint, als würden alle Pflanzen und Bäume folgendem Befehl des Herrn Folge leisten: „Tragt die Kleidung, die die Kunstfertigkeit Gottes hervorgebracht hat, und legt den Schmuck (die Blüten und die Früchte) an, den Seine Kunstfertigkeit geschaffen hat!“ Die Erde präsentiert so auf dieser prächtigen Parade, die an einem großen Festtag abgehalten wird, ihre Soldaten mit ihren goldbestickten Uniformen und juwelenbesetzten Orden.

Die zweckmäßige und wohlgeordnete Ausstattung und ihre Verzierungen beweisen allen, die nicht blind sind, dass diese Parade auf Anweisung eines Königs hin stattfindet, der über unendliche Macht und grenzenlose Weisheit verfügt.[59]

---

59 Vgl. El-Fatḥ 48:7: „Gott gehören die Heerscharen der Himmel und der Erde. Gott ist ruhmreich, von unwiderstehlicher Macht, weise." Vgl. Matthäus 6:28–30: „Und warum macht ihr euch Sorgen um eure Kleidung? Seht euch die Lilien auf dem Feld an und lernt von ihnen! Sie wachsen, ohne sich abzumühen und ohne zu spinnen und zu weben. Und doch sage ich euch: Sogar Salomo in all seiner Pracht war nicht so schön gekleidet wie eine von ihnen. Wenn Gott die Feldblumen, die heute blühen und morgen ins Feuer geworfen

Zweitens: Die Geschöpfe existieren um der Bewusstseinswesen willen

Die zweite Kategorie der Ziele der Existenz und des Zwecks des Lebens betrifft die Bewusstseinswesen. Alles, was existiert, ist wie ein wahrheitsverkündender Brief, wie ein schönes, feines und maßvolles Lobgedicht, wie ein Wort der Weisheit des Allmächtigen Künstlers, die sich Engeln, Dschinn, Menschen und Tieren präsentieren und sie zum Studieren einladen. Folglich ist alles ein Gegenstand des Nachdenkens und der Lektion für Bewusstseinswesen, die es betrachten.

Drittens: Die nachrangigste Zielsetzung betrifft das Geschöpf selbst

Die dritte Kategorie der Ziele der Existenz und des Zwecks des Lebens betrifft das Geschöpf selbst. Es geht um so Unbedeutendes wie den Genuss, um Ausflüge, um Fortleben und ein Leben im Komfort.

VII. Die Parabel vom Steuermann

Von den Zielen der Tätigkeit eines Dieners als Steuermann auf einem großen, königlichen Schiff bezieht sich beispielsweise lediglich ein Hundertstel auf den Steuermann selbst, auf seine winzige persönliche Belohnung für seine Dienstleistung. Die restlichen neunundneunzig Ziele seiner Tätigkeit dienen hingegen dem König, dem das ganze Schiff gehört. Ähnlich auch bei einem Geschöpf: Wenn die auf das Geschöpf selbst oder auf diese Welt gerichtete Zielsetzung

---

werden, so herrlich kleidet, wird er sich dann nicht erst recht um euch kümmern, ihr Kleingläubigen?"

seines Daseins ein Hundertstel der gesamten Ziele seiner Existenz ausmacht, machen die auf den Schöpfer gerichteten Ziele und Zwecke die restlichen Neunundneunzig aus.

Mäßigkeit und Großzügigkeit: ein Widerspruch?

Im Lichte dieser Vielheit an Zielen und Zwecken wird verstanden, dass die Weisheit und Mäßigkeit (Verhältnismäßigkeit[60]) Gottes auf der einen Seite mit Seiner Freigebigkeit und Großzügigkeit auf der anderen Seite in Übereinstimmung steht, selbst wenn sie sich auf den ersten Blick zu widersprechen und einander nicht zu ergänzen scheinen. Denn, hinsichtlich einer bestimmten Zielsetzung der Geschöpfe herrschen Freigebigkeit und Großzügigkeit vor und der Name „der Großzügige“ wird reflektiert. Bezogen auf diese eine Zielsetzung stehen beispielsweise Früchte, Samenkörner und Getreide ohne Maß zur Verfügung. [So übermäßig, dass sie von den Geschöpfen nicht gänzlich konsumiert werden können. Auch werden nicht alle zu Pflanzen erblühen.] Aber bezogen auf die gesamten, universellen Zielsetzungen der Geschöpfe, herrscht die Weisheit Gottes und der Name „der Weise“ wird reflektiert. [Ihr Übermaß ist nicht zwecklos.]

Denn jede einzelne Frucht hat so viele Zielsetzungen, wie die Anzahl der gesamten Früchte, die der Baum hervorbringt. Diese lassen sich in die drei eben erwähnten Kategorien einteilen.

Demzufolge deuten die universellen, ganzheitlichen Zielsetzungen auf eine grenzenlose Weisheit und Mäßig-

60 Hierzu wird das Übermaßverbot und das Verhältnismäßigkeitsprinzip einer exekutiven Ordnung in Erwähnung gebracht.

keit Gottes hin. Die widersprüchlich scheinende unendliche Weisheit und die grenzenlose Großzügigkeit Gottes stehen somit in Übereinstimmung miteinander.

VIII. Allegorie zur Räson (Weisheit) und der großzügigen Hoheit der Regierung

Zum Beispiel gilt eines der Ziele von Einsatzkräften der exekutiven Gewalt, welche aus Menschen bestehen,[61] der Aufrechterhaltung der inneren Sicherheit und Ordnung. Bezogen auf diese eine Zielsetzung stehen so viele Einsatzkräfte wie gewünscht zur Verfügung, wenn nicht sogar im Übermaß.

Aber für andere Aufgaben wie für die Überwachung der Grenzen oder für den Verteidigungsfall reicht die Anzahl der Einsatzkräfte genau aus. Das Gleichgewicht der verfügbaren Truppen ist nur mit vollkommener Weisheit zu gewährleisten. Dementsprechend steht die Räson (die Weisheit) der Regierung[62] mit der Majestät ihrer Herrschaft in Übereinstimmung. Folglich kann gesagt werden, dass es in der Anzahl dieser Einsatzkräfte [bezogen auf die gesamten Zielsetzungen] keine Übermäßigkeit gibt.

Fünfter Grundsatz: Vergänglichkeit führt zur Ewigkeit

Im Weiteren erkennst du, dass die vergänglichen, kunstvollen Geschöpfe nicht erschaffen worden sind, um wieder

---

61 Ein Ausdruck des Lehrmeisters; er geht davon aus, dass es außer menschlichen Heeren noch andere Heere gibt; Heere aus Menschen, Heere aus Engel, Heere aus Vögeln, Heere aus Atomen, usw.
62 Hier verwendet der Lehrmeister den Begriff Staatsräson, Räson der Regierung *(hikmet-i hükumet)* in einer positiven Konnotation im Gegensatz zum gängigen Gebrauch in der Politologie.

Nichts zu werden – kurz aufzutauchen und dann wieder zu verschwinden. Zweck ihrer Erschaffung liegt vielmehr darin, dass sie für kurze Zeit im Dasein zusammenkommen und die gewünschte Gestalt und Haltung annehmen, damit von ihnen ein Abbild genommen, ihre Sinnbilder aufgezeichnet, ihre Bedeutungen und Sinngehalte verstanden und die Endergebnisse erfasst werden können. Sie kommen beispielsweise im Dasein zusammen, um immerwährende Filmszenen für die Bewohner der Ewigkeit zu produzieren. Sie mögen im Reich der Unendlichkeit noch weitere Zwecke erfüllen.

Das Sein richtet sich auf die Ewigkeit aus, Vergänglichkeit kennzeichnet Diensthabende

Die Dinge sind für die Ewigkeit erschaffen und nicht für die Vergänglichkeit, selbst wenn sie vergänglich erscheinen mögen. Die Vergänglichkeit markiert lediglich die Erfüllung ihres Auftrags und die Entlassung aus dem Dienst. Man erkennt es daran, dass ein vergängliches Ding aus einem Aspekt zwar in die Vergänglichkeit schreitet, aber in vielerlei Hinsicht im Sein erhalten bleibt.

Eine Blume verewigt sich wie ein Wort, ein Wort wie eine Blume[63]

Schau dir als Beispiel einmal eine Blume an. Sie stellt ein Wort der Macht Gottes dar. Sie lächelt uns mit ihrem Erblü-

63 Dieser Vergleich ist von den Koranversen Ibrāhīm 14:24 ff inspiriert: „Siehst du nicht, wie Gott ein Gleichnis prägt von einem guten Wort: (Ein gutes Wort ist) wie ein guter Baum, dessen Wurzeln fest (im Boden) verankert sind und dessen Zweige hoch in den Himmel ragen …"

hen für einen kurzen Moment an und versteckt sich dann hinter dem Vorhang der Vergänglichkeit. Sie schwindet dahin, wie ein Wort, das deinen Mund verlässt. Das Wort verschwindet, jedoch hinterlässt es Tausende von Vervielfältigungen in den Ohren derer, die es vernommen haben. Entsprechend der Anzahl der Gedächtnisse, die es gehört haben, hinterlässt es Sinngehalte und verewigt sich.

Auf ähnliche Weise vergeht die Blume; aber sie bringt dabei Sinngehalte und Bedeutungen zum Ausdruck, die als ihr Daseinszweck gelten und hinterlässt im Gedächtnis all derer, die sie gesehen haben, das äußere Bild ihres Daseins. Darüber hinaus hinterlässt sie in ihren Samenkörnern ihre immaterielle Beschaffenheit. Es scheint fast so, als ob jedes Gedächtnis als Kamera und jedes Samenkorn als Tafeln dienen könnte, um die Schönheit der Blume als Foto zu bewahren und ihr Fortleben zu gewähren.

Wenn es sich schon bei einem kunstvollen Geschöpf der einfachsten Stufe des Lebens so verhält, wird erst recht verständlich, inwiefern der Mensch, der die höchste Stufe des Lebens verkörpert und eine unvergängliche Seele besitzt, mit der Ewigkeit in Verbindung steht.

Die Menschenseele und Pflanzenprogramme stehen in Verbindung mit der Ewigkeit

Die Menschenseele verfügt über eine überaus komplexe, umfassende Washeit und erhabene Beschaffenheit. Die Seele ist ein Gesetz, ein Programm der Sei-Befehle Gottes, das mit einer äußerlichen Existenz bekleidet wurde und über ein Bewusstsein verfügt sowie licht-ähnlich wirkt. Auch Entstehungs- und Formationsgesetze großer Pflanzen, die

Blüten und Früchte hervorbringen, ähneln gewissermaßen der Menschenseele. Diese Gesetze und das Abbild ihres Aussehens werden in winzig kleinen Samenkörnern unter tumultuösen Verwandlungen in vollkommener Ordnung aufbewahrt und erhalten. Daran ist zu erkennen, inwieweit die Menschenseele mit Beständigkeit und Ewigkeit in Verbindung steht.[64]

Sechster Grundsatz: Der Mensch ist verantwortlich

- Du erkennst ebenfalls, dass der Mensch nicht sich selbst überlassen worden ist, um herumzulaufen, wie es ihm gefällt [wie es bei wilden Tieren der Fall ist]. Ganz im Gegenteil: Die Abbilder und Fotos all seiner Handlungen und die Endergebnisse all seiner Taten werden für den Tag aufbewahrt, an dem er zur Rechenschaft gezogen werden wird.[65]

---

64 Siehe hierzu die Abhandlung über die Beständigkeit der Seele und die Auferstehung im 29. Wort.

65 Vgl. El-Qiyāma 75:36: „Meint der Mensch etwa, dass er sich selbst überlassen bleibt (um herumzulaufen, wie es ihm gefällt)?" El-Kahf 18:49: „Und die Niederschrift (der Taten eines jeden von euch) wird offengelegt werden; und du wirst die ungläubigen Sünder in großer Furcht sehen aufgrund dessen, was darin ist, und sie werden sagen: ‚O wehe uns! Was für eine Niederschrift ist dies? Sie lässt nichts aus, weder Kleines noch Großes, sondern vermerkt es!' Sie finden dort alles, was sie getan haben; es wird ihnen vor Augen geführt (in der Form, die dem Jenseits angemessen ist). Und dein Herr tut niemandem Unrecht." Qaf 50:17–18: „Denkt daran, dass die zwei aufzeichnenden Engel (die damit beauftragt sind, seine Worte und Taten niederzuschreiben), zur Rechten und Linken sitzend, wahrnehmen und niederschreiben. Kein einziges Wort spricht er aus, ohne dass ein Wächter bei ihm ist, stets gegenwärtig." El-Infiṭār 82:10–12: „Wahrlich, sind Wächter aus den Reihen der Engel eingesetzt (die) über

Siebter Grundsatz: Das Vergehen der Geschöpfe dieser Welt ist notwendig

Dir wird gewiss, dass der Vorgang des Vergehens, dem die wunderschönen Geschöpfe des Frühlings und des Sommers im Herbst ausgesetzt sind, nicht dazu da ist, diese ins Nichts zu führen. Sie werden vielmehr nach vollendeter Verrichtung ihres Dienstes entlassen.

Es ist nur angebracht, dass die Blätter, Blumen und Früchte, die jeden Baum schmücken und durch die Gnade Gottes erhalten werden, verschwinden, wenn ihre Zeit vorbei ist und ihre Aufgaben beendet sind, sodass sich das Tor für die Nachkommenden nicht schließt. Denn sonst würde es ein Hindernis vor der Weite der Barmherzigkeit und vor den Diensten seiner Geschwister-Geschöpfe darstellen. Außerdem würden sie durch den Verlust der Jugend, also durch die Alterung, zerdrückt werden und unglücklich sein.[66]

Die Vergänglichkeit dient auch zum Nachdenken

Man kann hier auch von einer Art Leerung sprechen, die den Weg für neue Geschöpfe frei macht, die im folgenden Frühjahr kommen und die Aufgaben der Vorhergehenden übernehmen sollen. Schließlich liegt hier eine Art Warnung Gottes vor, welche die Bewusstseinswesen vor Gottvergessenheit und Nachlässigkeit in ihren Diensten bewahrt – eine

---

euch (wachen) – edle, ehrwürdige, die niederschreiben – die wissen, was ihr tut."

66 Vgl. Waqia 56:60 – 61: „Es sind auch Wir, die den Tod für euch bestimmen – und Wir können nicht daran gehindert werden – Damit Wir euch (durch neue Generationen wie euch) ersetzen und euch in einer neuen Art und Weise des Daseins hervorbringen, die ihr nicht kennt."

Warnung Gottes vor dem Rausch, der ihre Danksagungsaufgabe in Vergessenheit geraten lässt.

Der Frühling, die Menschheit, der Erdboden und das Diesseits sind wie Bäume

Jeder Frühling ist wie ein Baum voller Früchte, der als Schaumuster zur Wiederauferstehung fungiert. Die Menschheit in jedem Jahrhundert ist ein Baum, der zur Besinnung dient. Der Erdboden ist ebenfalls ein Baum der Allmacht, auf dem sich erstaunliche Auferstehungen abspielen. Ja, das Diesseits als solche ist ein bewundernswerter Baum, dessen Erträge in den Markt des Jenseits überführt werden.

Achter Grundsatz: Der Gastgeber hat ein beständiges Haus

Der Permanente Kunstfertige Schöpfer dieser vergänglichen Welt besitzt eine weitere, eine ewige Welt, für die Er Seine Diener begeistert und wohin Er sie überführt.

Neunter Grundsatz: Die Gläubigen erwartet eine Überraschung

Jemand, der so barmherzig ist wie Gott, wird in jener Welt mit Sicherheit an Seine reinen, erlesenen Diener Gnadengaben verteilen, die kein menschliches Auge je gesehen, von denen kein menschliches Ohr je gehört und über die sich kein Herz je Vorstellungen gemacht hat.[67] Daran glauben wir gewiss!

---

67 Vgl.: „Was kein Auge gesehen hat und kein Ohr gehört hat und in keines Menschen Herz gekommen ist, was Gott bereitet hat denen, die ihn lieben" (Jesaja 64,3). Siehe Es-Sedjde 32:17: „Keine von den Seelen weiß, was für sie an erfreulichen Glücksgaben verborgen

Siebte Szene der Allegorie

Komm, lass uns ein wenig umherstreifen! Lass uns sehen, was diese zivilisierten Einwohner so alles machen. Schau: Auf jedem Platz und an jeder Ecke befinden sich mehrere Kameras und machen Aufzeichnungen. Schau: Überall sitzen Schreiber und notieren sich Dinge. Sie verzeichnen alles, die unbedeutendsten Dienste, die gewöhnlichsten Ereignisse.[68] Nun achte auf den hohen Berg. Dort siehst du die höchstpersönliche Kamera des Königs: Sie macht Aufzeichnungen von allem, was im Reich geschieht.

Der König muss also den Befehl erteilt haben, dass alle in seinem Königreich durchgeführten Unternehmungen und Taten aufzuzeichnen sind. Mit anderen Worten: Er lässt alle Ereignisse aufzeichnen und auf Bildern festhalten. Diese detaillierten Aufzeichnungen und das Festhalten von Informationen dienen zweifellos einer Abrechnung.

Wie kann man nur glauben, dass ein All-Bewahrender Herrscher, der selbst die gewöhnlichen Taten von gewöhnlichen Bürgern nicht unbeachtet lässt, die wichtigsten Handlungen der bedeutendsten seiner Bürger nicht aufzeichnet? Dass er diese nicht zur Verantwortung zieht und sie nicht ihren Taten entsprechend belohnt oder sanktioniert?

Schließlich entspringen die Handlungen und das Verhal-

---

gehalten wird, (ihnen vorbehalten) als Lohn für das, was sie zu tun pflegten."; Buḫārī, *Bed'ul-Ḥalq* 8; *Tefsīr-u Sūreti* 32:1; *Tewhid* 35; Muslim, *Īmān* 312; *Djennet* 2 – 5; Tirmiḏī, *Tefsīr-u Sūreti* 32:2; 56:1; Ibn-i Mādje, *Zuhd* 39.

68 Siehe El-Kahf 18:49; Qaf 50:17 – 18; El-Infiṭār 82:10 – 12.

ten, die die persönliche Würde und Eifer[69] [zum Schutz und zur Gerechtigkeit seiner Geschöpfe] des Herrschers beleidigen und die Majestät seiner Barmherzigkeit verachten, von diesen vornehmen Bürgern. Jedoch bleiben sie in dieser Welt ungestraft. Also wird ihr Anliegen an das Oberste Gericht verwiesen.

---

69 *gayret*

Siebte Wahrheit: Der Allweise Schöpfer zeichnet alles auf

Das Tor des Schutzes und des Bewahrens ist die Reflexion Seiner Namen „der Bewahrer" und „der Wächter".[70] Gottes Name „der Bewahrer" schützt in absoluter Ordnung und Ausgewogenheit alles in den Himmeln und auf Erden, feucht oder trocken, groß oder klein, banal oder erhaben. Er beschützt, betrachtet und berechnet alle Folgen und Endergebnisse genau.

Das Wesen, das diesen Kosmos verwaltet, bewahrt alles in Ordnung und Ausgewogenheit. Ordnung und Ausgewogenheit sind Ausdrücke von Wissen, Weisheit, Willen und Macht. Wir sehen, dass die Substanz von jedem kunstvollen Geschöpf und alle Formen, die das Geschöpf im Laufe seiner Lebensgeschichte annimmt, individuell und in ihrer Gesamtheit in einer perfekten Ordnung gestaltet ist.

Darüber hinaus bewahrt der Majestätische Bewahrer alles, was nach Erfüllung ihrer Lebensaufgaben verschwindet und die sichtbare, diese offenkundige Welt verlässt, als zahlreiche Abbilder auf – sowohl in den Gedächtnissen, die wie eine Art „wohlverwahrte Tafel"[71] fungieren, als auch

70 Bâb-ı Hıfz ve Hafîziyet olup ism-i Hafîz ve Rakîbin cilvesidir.
71 Die „große, höchstpersönliche Kamera des Königs" steht für den koranischen Begriff „die wohlverwahrte Tafel", die das umfassende Wissen Gottes aufzeichnet und Vergangenheit, Gegenwart und Zukunft mit einem Blick erfasst. Das Vorhandensein der wohlverwahrten Tafel wird vom Lehrmeister folgendermaßen erklärt: „Einzelne, kleine Personalausweise deuten auf ein umfassendes Personenregister hin. Kleine Rechnungen und Urkunden lassen auf das Vorhandensein einer großen Buchführung bzw. auf ein Grundbuch

in den immateriellen Spiegeln der *Welt der Projektionen*[72]. Demzufolge schreibt dieser Majestätische Bewahrer in den Körnern und Endergebnissen aller Dinge den Großteil ihrer Lebensgeschichte nieder und graviert sie ein. So veranlasst Er, alle Dinge in *offenkundigen*[73] und *verborgenen*[74] Spiegeln aufrechtzuerhalten bzw. zu verewigen.

Gedächtnis, Obst, Kern und Samen dienen als Tafel

Zum Beispiel die Erinnerungen der Menschen, das Obst des Baums, der Kern der Frucht und der Same der Blume sind wie Spiegel oder Tafel – alles manifestiert die Universalität

---

schließen, und kleine Tropfen weisen auf die Existenz einer großen Wasserquelle hin. Die Merkfähigkeiten bzw. das Gedächtnis der Menschen, die Früchte der Bäume und die Samen und Kerne von Früchten oder Gemüsen ähneln den kleinen Personalausweisen, den kleinen Urkunden. Sie kann man als Tropfen aus der metaphysischen Feder der ‚wohlverwahrten Tafel' verstehen. Sie lassen Rückschlüsse auf eine umfassende, metaphysische große Tafel bzw. ein universales Gedächtnis oder ein gewaltiges Grundbuch schließen. Einem scharfen Verstand werden diese Beweise sofort einleuchten."

72 *ʿālem-i mithāl:* Diese Welt wird auch *ʿālem-i temeththul* genannt. Sie bezeichnet die Dimension, in der das physische Sein in das metaphysische Sein übergeht. Diese Welt bildet eine Brücke zwischen den beiden. Jedes physische Ding hat demzufolge ein Pendant in der Welt der Projektionen: das Wissen beispielsweise wird als „Milch", das Hauptgebet wird als eine „leuchtende Person", die Handlungen des Menschen werden als eine „Halskette" projiziert. Vergleich Gülen, Fethullah: *Kalbin Zümrüd Tepeleri,* Âyân-ı Sâbite ve Âlem-i Misal, S. 85 – 91.

73 *zahir*

74 *batın*

und Inklusivität des Gesetzes der Bewahrung und der Aufzeichnung.

Aus diesem umfassenden Bewahrungsgesetz können wir ableiten, welch große Fürsorge der Meister der Schöpfung und der Ordnung all dessen, was unter Seiner Herrschaft geschieht, angedeihen lässt. Als Souverän, Erhalter und Herrscher ist Er absolut aufmerksam. Aus diesem Grunde hält Er auch das gewöhnlichste Ereignis und den geringsten Dienst fest und lässt es aufzeichnen. Er speichert, wie oben dargestellt, das Abbild oder das Foto von jedem Ding und Ereignis, das sich innerhalb Seiner Herrschaft ereignet, auf verschiedenen Tafeln.

Der neue Frühling als Abrechnung des vergangenen, aufgezeichneten Frühlings

Haben wir denn nicht gesehen, dass die Programme aller Blumen und Früchte des Frühlings und die Gesetze und Abbildungen ihrer Gestaltung in einem winzigen Samenkorn aufgezeichnet und aufbewahrt werden? Im folgenden Frühjahr werden diese Aufzeichnungen geöffnet – sie werden auf ihre Art abgerechnet – und eine weitere, unermesslich reiche Welt des Frühlings kommt in absoluter Ordnung und Weisheit zum Vorschein. Das zeigt, wie stark und umfassend Gottes Name „der Bewahrer“ wirkt.

Die Handlungen des Menschen werden erst recht abgerechnet

Selbst vergängliche, alltägliche und unbedeutende Dinge werden also protokolliert und aufbewahrt. Die Handlungen der Menschen, die aus der Perspektive der universellen Herrschaft Gottes[75] in der Welt des Verborgenen, im Jenseits und in der Seelenwelt Früchte tragen, sollen nicht ebenso aufbewahrt und als eine Angelegenheit von hoher Bedeutung aufgezeichnet werden? Ist das überhaupt vorstellbar? Nein, mitnichten! Denn der Name „Erhalter“ weist darauf hin, dass ein wichtiges Verzeichnis von Abrechnungen über die Handlungen offengelegt wird. Insbesondere bedeutsame Taten und schwerwiegende Handlungen des Menschen, der von seiner Grundveranlagung her ein umfassendes, ehrwürdiges und geehrtes Geschöpf ist, werden genau untersucht und gewogen. Folglich muss das Tatenheft des Menschen erst recht offengelegt werden. Der Mensch wird durch seine Stellvertreterschaft Gottes und durch das ihm anvertraute Gut erhöht. Er ist ein Zeuge und öffentlicher Aufrufer für die Einheit des Schöpfers im Reich der Vielfalt dieser Schöpfung und genießt somit den Rang eines Offiziers und Zeugen der Lobpreisungen und Gottesdienste der Mehrheit der Geschöpfe.

Ist es vorstellbar, dass der Mensch nach alledem, was er tut, dann in einen endlosen Schlaf ins Grab fällt, niemals auferweckt[76] und niemals über seine kleinen und gro-

---

75 Wie ein Baum, der mit all seinen Fähigkeiten auf das Hervorbringen von Früchten ausgerichtet ist, so ist es die Barmherzigkeit Gottes, die das ganze Universum sich auf den Menschen ausrichten und sich um ihn kümmern und ihn unterstützen lässt. (Siehe Drittes Geheimnis: Barmherzigkeit als das zentrale Ornament aller Gottesnamen; Die Einzigartigkeit und Barmherzigkeit Gottes sowie der Mensch als sein Spiegel„ Kleine Worte.

76 Vgl. Es-Sedjde 32:10: „Doch sie sagen: „Was! Wenn wir (tot und) in der Erde verschwunden sind, sollen wir dann erneut erschaffen

ßen Handlungen befragt wird? Ist es vorstellbar, dass der Mensch nicht wiederaufersteht und zum Ort der Versammlung geführt, dass er nicht vor das Höchste Gericht gestellt wird? Nein, mitnichten! Ja, der aufzeichnende Herrscher, der allumfassende „Bewahrer" lässt selbst die gewöhnlichen, unbedeutendsten Handlungen und Taten seiner einfachsten Geschöpfe nicht unbeachtet. Ist es daher überhaupt vorstellbar, dass der Name „Bewahrer" es zuließe, dass die Handlungen des Menschen, dem umfassendes Schöpfungspotenzial und damit der Rang der Stellvertreterschaft Gottes[77] verliehen wurde und der das *höchste Treuhändergut*[78] verwaltet, nicht aufgezeichnet, genau betrachtet und berechnet, nicht mit der Waage der Gerechtigkeit gewogen und weder entsprechend sanktioniert noch belohnt werden, obwohl doch seine Handlungen aus dieser Perspektive in unmittelbarem Kontakt zu Gottes universeller erzieherischen Herrschaft

---

werden?" Nein (sie halten es nicht wirklich für unmöglich, erneut erschaffen zu werden; vielmehr) glauben sie nicht an die Begegnung mit ihrem Herrn."

77 „Gottes Stellvertreterschaft" heißt, dass der Mensch das „Werkzeug" Gottes zur Ausführung Seiner Anordnungen auf Erden ist und den Gesetzen Gottes entsprechend handelt.

78 Das „höchste Treuhändergut" (original *tr. emanet-i kübra,* arab. *el-emâna*) als ein koranisches Konzept bringt zumindest zwei Eigenschaften des Menschen zum Ausdruck: Zum einen bezeichnet es das Verantwortungsvermögen bzw. die Fähigkeit zwischen dem Guten und dem Bösen zu unterscheiden und sich für eins der beiden zu entscheiden und aufgrund dieser Freiheit Verantwortung zu übernehmen, zum anderen versinnbildlicht das „höchste Treuhändergut" das Ego des Menschen, welches die Funktion ausübt, den Menschen von anderen Geschöpfen und Gott zu unterscheiden. Des Weiteren fungiert das Ego als Mittel zur Gotteserkenntnis, welches die verborgenen Aspekte des Seins entschlüsselt. Siehe 30. Wort.

(Rabb-Heit) stehen? Nein, mitnichten! Weil die Handlungen des Menschen während seines Aufenthaltes in dieser Welt nicht in angemessener Weise zur Rechenschaft gezogen und beurteilt werden, muss der Mensch sich vor ein höchstes Gericht und in die höchste Glückseligkeit in einer anderen Welt begeben.

Über die Macht des Schöpfers für die Wiederauferstehung

a) Wer einen Apfel erschafft, muss alle Äpfel erschaffen haben

In verschiedenen Worten haben wir nachgewiesen, dass derjenige, der eine Sache erschaffen kann, alles erschaffen kann. Wer es hingegen nicht vermag, alles zu erschaffen, kann nicht mal ein einziges Ding erschaffen. Außerdem: Wenn die Erschaffung aller Dinge einem einzigen Wesen zugeschrieben wird, wird die Erschaffung aller Dinge so einfach wie die Erschaffung eines einzigen Dinges. Wenn es aber im Gegensatz dazu vielfältigen Kräften oder Ursachen zugeschrieben wird, stellt die Erschaffung eines einzigen Dinges eine ebenso große Schwierigkeit dar wie das Erschaffen aller Dinge, wenn nicht sogar eine Unmöglichkeit.

Der Eine, der einen Apfel erschafft, muss auch in der Lage sein, alle Äpfel dieser Welt und den Frühling zu erschaffen. Jemand, der den Frühling nicht erschaffen kann, kann auch keinen einzigen Apfel erschaffen, denn Äpfel und Frühling werden ja an derselben „Werkbank" produziert. Jeder Apfel ist ein Baum, ja ein Garten oder sogar ein Kosmos im Kleinen. Das Samenkorn des Apfels, das die Lebensgeschichte eines ganzen Baums in sich trägt, ist in seiner vollkommenen Kunstfertigkeit ein so großes Wunder, dass es für den Einen, der es vollbringt, nichts geben kann, zu dem Er nicht fähig wäre.

b) Wer das Gestern erschaffen hat, kann auch das Morgen erschaffen

Die Gesamtheit der Vergangenheit, von heute an gerechnet bis zum Beginn der Schöpfung, besteht aus Geschehnissen, die sich ereignet haben[79]. Jeder Tag, jedes Jahr und jedes Jahrhundert ist wie eine Zeile, wie eine Seite, wie ein Buch – beschriftet in vollkommener Weisheit und Ordnung von der Feder der Vorherbestimmung mit dem Zeichen der Macht Gottes. Dementsprechend setzt sich die Zeit von heute an bis zur Auferstehung, zum Paradies und zur Ewigkeit aus Geschehnissen zusammen, die möglich sind[80]. Wenn wir nun die beiden Zeitketten Vergangenheit und Zukunft miteinander vergleichen, erkennen wir mit absoluter Klarheit, dass das Wesen, welches das Gestern und die dazugehörenden Geschöpfe erschaffen hat, auch in der Lage ist, auf ähnliche Weise das Morgen einschließlich der Geschöpfe des Morgens zu erschaffen.

c) Die Macht des Schöpfers verfügt sowohl über das Sein als auch über die Zeit

Es gibt keinen Zweifel daran, dass die Wunder der Vergangenheit die wunderbaren Werke eines Mächtigen und Majestätischen Wesens sind. Sie bestätigen in endgültiger Form,

---

79 *ʿumūmen wuqūʿāt*
80 *ʿumūmen imkānāt*

dass Er in der Lage ist, auch alle noch nicht absehbaren Ereignisse in der Zukunft zu erschaffen und alle Wunder der Zukunft zu vollbringen.

So wie der Eine, der einen Apfel erschafft, in der Lage sein muss, alle Äpfel dieser Welt und den gewaltigen Frühling zu erschaffen so muss auch der Eine, der das Heute erschafft, in der Lage sein, den Auferstehungstag zu erschaffen; und nur Er, der in der Lage ist, den Frühling zu erschaffen, kann die Wiederauferstehung bewirken. Der Eine, der all die Ereignisse der Vergangenheit auf ein Zeitband aufwickelt und sie dort in vollkommener Weisheit und Ordnung offenlegt, ist zweifellos auch in der Lage, andere Wesen an das Band der Zukunft zu heften und sie dort offenzulegen.

Kurzum: Die Geschehnisse, die sich in der Vergangenheit ereigneten, bezeugen, dass die Macht des Schöpfers auch dazu fähig ist, mögliche Geschehnisse der Zukunft zu erschaffen. Sie erschafft Winter und Frühling, die zusammen der Wiederauferstehung gleichen. Ist es denn für den Menschen möglich, sich ins Nichts zu flüchten, sich dort zu verbergen oder das Grab zu betreten und sich vor dem Allmächtigen und Majestätischen Einen zu verstecken, der die Macht dazu hat, sowohl die Vergangenheit als auch die Zukunft zu erschaffen?

Achte Szene der Allegorie

KOMM, ICH MÖCHTE DIR DIE VERORDNUNGEN VORlesen, die der König erlassen hat.

Einige Versprechungen und Ermahnungen werden dort wiederholt geäußert: „Ich werde euch weg von eurem jetzigen Aufenthaltsort in die Hauptstadt meines Reiches bringen. Dort werde ich den Gehorsamen Glückseligkeit gewähren und die Ungehorsamen ins Gefängnis werfen. Ich werde euren jetzigen, vorübergehenden Aufenthaltsort zerstören und ein neues Reich gründen, in dem sich ewige Paläste und Kerker befinden."

Es ist ihm ein Leichtes, seinen Worten Taten folgen zu lassen. Seine Versprechungen sind für seine Bürger von großer Bedeutung. Im Übrigen wäre es auch mit der Würde seiner Souveränität unvereinbar, wenn er sein Versprechen nicht einhalten würde.[81]

---

81 Āl ʿImrān, 3:9: „Unser Herr, Du wirst gewiss die Menschen zusammenführen an einem Tag, über (dessen Kommen) es keinen Zweifel gibt. Wahrlich, Gott bricht niemals Sein Versprechen.", Āl ʿImrān 3:194: „Unser Herr! Und lass uns zuteil werden, was Du uns durch Deine Gesandten versprochen hast. Und stürze uns nicht in Schande am Tag der Auferstehung; wahrlich, Du brichst niemals Dein Versprechen."; El-Ḥādjj, 22:47: „Und sie fordern von dir vorzuverlegen, dass die Strafe von Gott über sie kommt (die ihnen angedroht wird). Lass sie wissen, dass Gott es niemals versäumen wird, Sein Versprechen einzuhalten; doch ein Tag bei deinem Herrn ist wie tausend Jahre nach eurer Zeitrechnung."; Er-Rūm, 30:6: „(Dies ist) Gottes Versprechen. Gott bricht niemals Sein Versprechen, doch die meisten Menschen wissen dies nicht (weil sie kein echtes Wissen über Gott besitzen)."; Ez-Zumar, 39:20: „Doch diejenigen die sich hüten vor Ungehorsam gegen Gott in Ehrfurcht vor Ihm und in Frömmigkeit,

So denke denn nach, du törichter Mensch! Wie kannst du die Versprechungen eines Wesens als Lüge bezeichnen, Der es in keinster Weise nötig hat, Sein Versprechen zu brechen oder ihm gegensätzlich zu handeln, und dessen majestätische Ehre keinerlei widersprüchliches Handeln zu Seinen Versprechungen und Ermahnungen zulässt und alle Seinen sichtbaren Handlungen Seine Vertrauenswürdigkeit bezeugen?

Im Gegensatz dazu bestätigst du deine lügnerische Einbildung, deinen deliriösen Verstand und dein täuschendes Diktier-*nefs*. Du verdienst gewiss eine schwere Strafe.

Denn du gleichst einem Reisenden, der Orientierung sucht, aber seine Augen vor dem Licht der Sonne verschließt. Somit taucht er in eine Finsternis ein, in der er lediglich auf seine Vorstellungskraft und sein Verstand angewiesen bleibt. So stellt er sich ein Licht vor, welches in dieser Finsternis nicht mehr Helligkeit als das Licht eines Glühwürmchens in der Nacht anbietet. Er versucht mithilfe dieses eingebildeten Lichtes seines Verstandes und seiner Vorstellungskraft seinen angsteinflößenden Weg in der Außenwelt zu beleuchten.

Da der König sein Versprechen gab, so wird er es auch einhalten. Die Umsetzung dessen ist für ihn sehr leicht und für uns Menschen, für alle Dinge, für ihn selbst und für sein Königreich erforderlich.

Daher gibt es ein Oberstes Gericht und eine erhabene Glückseligkeit.

---

für sie sind hohe, aufragende Wohnstätten, eine über der anderen gebaut, unter denen Ströme fließen. (Das ist) Gottes Versprechen. Gott versäumt es nie, Sein Versprechen zu halten.", weitere Verse: El-Baqara, 2:80; Er-Raʿd, 13:31; Ibrāhīm, 14:47.

Achte Wahrheit: Der Nichteinhaltung einer Verheißung liegen Machtlosigkeit, Unwissen oder Unwahrhaftigkeit zugrunde

Die achte Wahrheit ist das Tor des Versprechens und der Ermahnung. Sie ist die Reflexionen der Namen „der Schöne" und „der Majestätische".[82][Die Verordnungen in der Szene der Allegorie stehen für die göttlichen Offenbarungen und wahrhaftigen Inspirationen an die Propheten oder Gottesfreunde. Über die Propheten verkündet Er Seine Versprechungen und Ermahnungen: Den gehorsamen Gläubigen wird Er Glückseligkeit gewähren und die ungehorsamen Verkennenden in den Kerker werfen, nachdem Er diese Welt vernichtet und ein neues Reich erbaut hat.]

Ist es vorstellbar, dass der Schöpfer dieser Welt, der über absolutes und umfassendes Wissen und absolute und unbegrenzte Macht verfügt, Seine oft wiederholten Verheißungen und Ermahnungen nicht erfüllt und somit Machtlosigkeit oder Unwissen an den Tag legen würde?

Gott bewahre!

Alles, was Seine Versprechungen und Ermahnungen mit sich bringen, ist im Rahmen Seiner Macht leicht realisierbar. Dies ist so leicht für Ihn, wie die Inhalte des vergangenen Frühlings im kommenden Frühjahr teilweise identisch (wie die Wurzeln der Bäume und Gräser) und teilweise so ähn-

82 Bâb-ı Vaad ve Vaîddir. İsm-i Cemîl ve Celîlin cilvesidir.

lich wie fast identisch (wie Blätter und Früchte) wieder zu erschaffen.

Sowohl wir als auch die ganze Existenz, Sein Selbst und Seine erzieherische Souveränität erfordern allesamt die Erfüllung Seiner Versprechungen. Die Nichteinhaltung würde im Widerspruch zur Würde Seiner herrschenden Souveränität und zu Seinem umfassenden Wissen stehen, denn der Nichterfüllung einer Versprechung liegen entweder Unwissen, Unwahrhaftigkeit oder Machtlosigkeit zugrunde.

Unwahrhaftigkeit widerspricht den wahrhaftigen Handlungen und der persönlichen Würde des Schöpfers

Alle seienden Dinge sind die wahrhaftigen Worte des Ehrwürdigen Wahren, die nur die Wahrheit aussagen. Alle werdenden Ereignisse, also die Interaktion dieser Wörter, sind sprechende Zeichen bzw. Verse des Wahren Einen. Wenn derselbe Wahre es verheißen hat, wird Er es gewiss in Erfüllung bringen. Er wird das höchste Gericht berufen. Er wird das höchste Glück bescheren.[83]

---

83 Die existierenden Dinge ähneln treuen Wörtern, die die Wahrheit ausdrücken. Die Interaktion dieser Wörter in den Ereignissen der Schöpfung sind die Sätze, Zeichen und Verse. Folglich ist die ganze Schöpfung als Handlung Gottes eine Komposition der Wahrhaftigkeit. [Die Schöpfung spricht stets die Wahrheit, so auch ihr Schöpfer.] Zudem besteht für den Schöpfer keine Notwendigkeit zu Unehrlichkeit und angesichts Seiner wahrhaftigen Handlungen und Seiner persönlichen Würde und Ehre ziemt es sich für Ihn auch nicht.

Der Nichteinhaltung einer Ermahnung liegt entweder Verzeihung oder Unvermögen zugrunde[84]

Was nun aber die Nichteinhaltung von Versprechung[85] betrifft, so handelt es sich dabei sowohl um eine Erniedrigung[86] im Allgemeinen als auch um Selbsterniedrigung[87] im Besonderen – beides ist mit der Allgewalt und der Würde Seiner Heiligkeit unvereinbar. Was aber die Nichteinhaltung einer Sanktionierung nach einer Ermahnung[88] betrifft: Dieser liegt entweder Vergebung oder Unvermögen zugrunde. [Sollte Gott die von Ihm angedrohten Sanktionen nicht vollziehen, müsste das entweder auf Vergebung oder Unvermögen zurückgeführt werden.] *Kufr,* also Verleugnung, ist aber ein absolutes, unbegrenztes [metaphysisches] Verbrechen[89] [gegenüber allem], welches keinen Anlass für Vergebung [im Jenseits] bietet.[90]

---

84 aus dem Ende der 10. Wahrheit aufgrund der thematischen Zugehörigkeit hinzugefügt.

85 *ḫulf el-wa'd;* Vgl. u. a. Āl ʿImrān 3:9, „Unser Herr, Du wirst gewiss die Menschen zusammenführen an einem Tag, über (dessen Kommen) es keinen Zweifel gibt. Wahrlich, Gott bricht niemals Sein Versprechen." Siehe auch Āl ʿImrān 3:194, Er-Raʿd 13:31.

86 *zillet*

87 *tezellul*

88 *ḫulf el-waʿīd*

89 „Absolutes Verbrechen", tr.: *cinayet-i mutlaka,* ist ein Begriff, den der Lehrmeister im Gegensatz zum „absoluten Recht" geprägt hat. Absolute Rechte sind solche Rechte, die gegenüber jedem geschützt sind. Demzufolge ist das absolute Verbrechen ein Unrecht, das gegenüber jedem und allem begangen wird.

90 Hierzu verweist der Lehrmeister auf En-Nisāʾ 4:48: „Wahrlich, Gott

Absolute Verleugnung ist ein gewaltiges metaphysisches Unrecht

Denn absolute Verleugnung[91] spricht den Wert des Seins ab und unterstellt dem Universum Sinnlosigkeit. Demzufolge stellt die Verleugnung eine Beleidigung der gesamten Schöpfung dar;

verleugnet die Reflexionen der Namen Gottes in den Spiegeln des Seins, demzufolge stellt sie eine Verspottung und Verachtung der Namen Gottes dar [und ist somit ein Vergehen gegen den Schöpfer];

stellt die Beweisführungen des Seins für die Einheit Gottes in Abrede. Folglich stellt sie eine Verunglimpfung und Verleumdung des Zeugnisses der gesamten Schöpfung dar;

verdirbt das Potenzial des Menschseins und verwehrt den Leugnern die Möglichkeit auf Wohlergehen und Besserung;

stellt ein großes metaphysisches Verbrechen dar, welches die Ansprüche der Schöpfung sowie die Namen des Schöpfers in ihren Rechten verletzt.

Deshalb veranlassen die notwendige Geltendmachung der Ansprüche der Schöpfung und der Namen Gottes sowie die Unfähigkeit des *nefs* eines absoluten Leugnenden zu guten Taten und zur Besserung die Nicht-Vergebung der absoluten Verleugnung [im Jenseits, falls er in absoluter Verleugnung diese Welt verlassen hat]. Der Koranvers *Fürwahr, Gott Teilhaber zur Seite zu stellen, ist ein sehr großes Unrecht*[92]

---

vergibt nicht, dass Ihm Teilhaber zur Seite gestellt werden. Doch Er vergibt das, was weniger schlimm ist, wem Er will."

91 *kufr*

92 Luqmān 31:13: „In diesem und vorherigen Vers geht es zwar pri-

bringt diesen Sinngehalt zum Ausdruck. [Von Unfähigkeit des Schöpfers wiederum kann keine Rede sein.] Denn der Absolut Allmächtige Eine ist erhaben über jedwede Unfähigkeit und rein von jedweder Schwäche.

Der Verkenner der Offenbarungssonne bildet sich ein fiktives Licht mit seinem Vorstellungsvermögen ein

Weißt du, welch ein dummes Verbrechen du mit deiner Verleugnung verübst, o du Leugner?

Wie kannst du die Versprechungen eines Wesens als Lüge bezeichnen, Der es in keinster Weise nötig hat, Seine Versprechungen zu brechen oder ihm gegensätzlich zu handeln, und dessen majestätische Ehre keinerlei widersprüchliches Handeln zu Seinen Versprechungen und Ermahnungen zulässt und alle Seine sichtbaren Handlungen Seine Vertrauenswürdigkeit bezeugen? Und währenddessen bestätigst du deine lügnerische Einbildung, deinen deliriösen Verstand und dein täuschendes Diktier-*nefs*.[...]

Du gleichst einem Reisenden, der Orientierung sucht, aber seine Augen vor dem Licht der Sonne verschließt. Somit taucht er in eine Finsternis ein, in der er lediglich auf seine Vorstellungskraft und sein Verstand angewiesen ist. Seine Einbildung möchte seinen angsteinflößenden

---

mär um Beigesellung bzw. Polytheismus, aber die Argumentation des Lehrmeisters kann wie folgt nachverfolgt werden: Wenn Gott Teilhaber zur Seite zu Stellen eines der größten Vergehen ist, dann wird Gott gänzlich zu leugnen und an Seine Stelle eine andere Kraft zu stellen erst recht ein noch größeres Vergehen sein."

Weg beleuchten. Doch sie bietet in dieser Finsternis nicht mehr Helligkeit als das Licht eines Glühwürmchens in der Nacht an.

[Mit diesen Einbildungen und Verleugnungen] begehst du ein unendlich großes, metaphysisches Vergehen, obwohl du im Vergleich dazu nur einen kleinen physischen Körper besitzt! Und ein unendlich großes, metaphysisches Vergehen erfordert eine ewige, große Sanktion.

Physische Winzigkeit versus metaphysische Bedeutsamkeit des Menschen

Es sollte nicht die Frage in den Sinn kommen, was für eine Bedeutsamkeit dieses physisch winzige Menschlein denn haben kann, sodass das gewaltige Buch dieser Welt abgerollt und ein neuer Kreis des Seins eröffnet wird, um die Handlungen des Menschen abzurechnen? Denn dieses physisch winzige Menschlein wirkt aufgrund der umfangreichen Komplexität seines Schöpfungspotenzials[93] als Werkmeister unter den Existenten. Es ist ein öffentlicher Ausrufer der göttlichen Souveränität[94] und bedacht als Vertreter der universellen Gottesdienerschaft[95]. Demzufolge hat der Mensch eine große Bedeutsamkeit inne.

93 camiiyet-i fıtrat
94 dellal-i saltanat-i sultaniye
95 ubudiyet-i külliye

Für diesseitiges, zeitlich-begrenztes Verbrechen eine ewige Strafe im Jenseits?

Es sollte auch nicht in den Sinn kommen: „Wie kann man sich im Verlaufe eines so kurzen, vergänglichen Lebens ewig währende Qualen im Jenseits verdienen?" Denn, die Verleugnung würdigt den Rang und den Wert dieses Universums auf den Abgrund der Sinn- und Ziellosigkeit herab, obwohl dieses Universum sich mit sämtlichen Ereignissen als Schriften und Briefe des Bedürfnislosen Einen auszeichnet. Deshalb stellt die Verleugnung eine Beleidigung der gesamten Schöpfung dar. Die Verleugnung stellt die anmutigen Reflexionen und kalligrafischen Kunstfertigkeiten der heiligen Namen Gottes in den Spiegeln des Seins in Abrede und verleugnet sie schlicht. Er bezichtigt die unendlichen Beweisführungen des Seins für die Gerechtigkeit und Wahrhaftigkeit Gottes mit Lüge. Demzufolge ist die Verleugnung ein unendliches metaphysisches Vergehen. Ein unendliches Vergehen setzt eine unendliche Sanktionierung voraus.

[Kurzum: Der Schöpfer hat uns das Paradies versprochen und mit der Hölle ermahnt. Er ist Allmächtig, Allwissend und Vertrauenswürdig.] Was Er versprochen hat, wird Er gewiss einhalten. Er wird Seine Versprechungen und Ermahnungen verwirklichen. [Der Mensch ist zwar physisch winzig, hat aber metaphysisch eine gewaltige Bedeutsamkeit inne. Er besitzt eine umfangreiche Komplexität und wurde als Werkmeister und öffentlichen Ausrufer der Souveränität des Schöpfers und universellen Dienerschaft beauftragt.] Aus diesem Grunde wird der Schöpfer für ihn das Oberste Gericht bilden und höchste Glückseligkeit gewähren.

Neunte Szene der Allegorie

KOMM JETZT, BETRACHTE DIE VORSTEHER DER VERwaltungsgebiete und der Gemeinschaften! Alle haben ein privates Telefon und können persönlich mit dem König sprechen. Einigen von ihnen wurde sogar Audienz gewährt.

Achte auf das, was sie sagen: Sie berichten übereinstimmend, dass der König prächtige Orte zur Belohnung und beängstigende Orte zur Sanktionierung vorbereitet hat. Seine Verheißungen sind zuverlässig, seine Ermahnungen überaus streng. Und sie berichten übereinstimmend, dass seine persönliche Würde und seine Allgewalt niemals die Demütigung zulassen werden, die mit dem Bruch eines Versprechens einhergeht.

Die Berichtenden sind so zahlreich, dass sie die Gewissheit-Stufe des Konsensus erreichen, da sie einmütig das Gleiche mitteilen. Mit vertrauenswürdiger Gewissheit berichten sie, dass der Mittelpunkt und die Hauptstadt des erhabenen Königreiches, von denen uns bestimmte Teile bereits hier ersichtlich sind, an einem weit entfernten Ort liegen.

Die Gebäude an diesem Prüfungsort sind aber vergänglicher Natur und werden später in unvergängliche Paläste verwandelt. Diese Orte werden sich verändern.

Denn das prächtige und unvergängliche Königreich, dessen Größe sich in seinen Kunstwerken offenbart, kann sich auf gar keinen Fall auf vergängliche, unbeständige, unbedeutende, sich ändernde, zukunftslose, mangelhafte und unvollkommene Belange und Geschäfte[96] gründen. Es stützt

---

96 *umurlar*

sich vielmehr auf Belange und Angelegenheiten, die jenes Königreichs[97] würdig sind, nämlich auf beständige, unveränderliche, unvergängliche, permanente, vollkommene und prächtige Angelegenheiten und Geschäfte.

Es gibt also eine andere Welt; und ganz bestimmt werden wir uns in diese Hauptstadt begeben.

97 *saltanat*

Neunte Wahrheit: Vertrauenswürdige Berichte über die Auferstehung und das Jenseits[98]

SIE IST DAS TOR DER PROPHETENSCHAFT, DER GOTTESfreundschaft, der Offenbarung und der Inspiration. [Die Vorsteher der Verwaltungsgebiete und der Gemeinschaften in der Bildszene stehen für die Propheten und die Gottesfreunde. Was die Telefone betrifft, so handelt es sich bei ihnen um eine direkte Verbindung zu Gott, die den Herzen entspringt. Das Herz ist ein Spiegel der Offenbarung[99], eine Manifestation der Inspiration[100]. Es entspricht dem Hörer des Telefons[101]. 124.000 Propheten und 124.000.000 Gottesfreunde, die stets die Wahrheit aussprechen, berichten einmütig, dass es ein Leben nach dem Tod und die Auferstehung bzw. das Jüngste Gericht sowie das Paradies und die Hölle gibt. Die Propheten berufen sich dabei auf die eindeutigen Offenbarungen, die sie erhalten haben, und die Gottesfreunde unterzeichnen diese Wahrheit mit ihren göttlichen Inspirationen, Visionen und Intuition.[102]

Ist es überhaupt möglich, dass diese Berichte, diese Offenbarungen, Inspirationen, Visionen und Intuitionen

---

98 Anmerkung: An dieser Stelle weicht die Zählung vom Original ab. Siehe Ausführung in der Einleitung.

99 *mâkes-i vahy*

100 *mazhar-ı ilham*

101 Vgl. Fußnote aus der neunten Szene der Allegorie im Original.

102 Dieser Abschnitt wurde in Verbindung mit dem fünften Teil der Anhänge des Zehnten Wortes und der Zweiten Station des Dreizehntes Wortes sinngemäß zusammengefasst.

von ganz verschiedenen Personen aus verschiedenen Zeitabschnitten und Orten zufällig übereinstimmen? Gott bewahre!]

Der Bericht zur Auferstehung und dem Jenseits genießt Einmütigkeit[103] und Konsensus[104], die Berichter sind bedeutsam, sachkundig und einander bestätigend

Obwohl sich die Zeugen und die Berichter in dieser Sache in Doktrin, Lebenshaltung und Lehrrichtung unterscheiden, stimmen sie dennoch einmütig in diesem Grundsatz [des Lebens nach dem Tode und der Auferstehung und des Jenseits] überein.[105] Von ihrer Quantität her erreichen sie die Stufe der Einmütigkeit[106]. Von ihrer Qualität her erreichen sie die Gewissheitsstufe des Konsensus.

Von seinem gesellschaftlichen und spirituellen Rang her ist jeder einzelne dieser Zeugen und Berichter ein Stern der Menschheit,[107] ein Namhafter (Augapfel) einer bestimmten

---

103 *tewātur*
104 *idjmāʿ*
105 vgl. Matthäus 13,24–30: Das Gleichnis vom Unkraut unter dem Weizen.
106 Ein Beweisgrad in der Hadithwissenschaft. Wenn eine Aussage des Propheten von 70 Gefährten mit identischem Wortlaut überliefert wird, besitzt diese Überlieferung den Grad des *tewātur.* Da spirituelle Visionen und Erlebnisse einen subjektiven Charakter haben, benötigen sie laut Bediuzzaman übereinstimmende Berichte mehrerer Personen, die dieselbe Wahrheit erfahren haben, um zu einer vertrauenswürdigeren Quelle zu werden.
107 Laut einem Hadith heißt es: „Meine Gefährten sind wie Sterne. Wem immer man folgt, wird die Rechtleitung finden."

Menschengruppe oder ein Würdenträger einer Religionsgemeinschaft.[108]

Von ihrer Kompetenz her sind sie Sachkundige. Die Aussage zweier Experten in einem Wissenschaftsgebiet oder in der Kunst übertreffen die Aussage der Gesamtheit der Laien und Unkundigen.

Des Weiteren werden zwei bejahende, einander bestätigende Berichte Tausenden von verneinenden Berichten vorgezogen. Sollten zwei vertrauenswürdige, kompetente Menschen unabhängig voneinander davon berichten, die Mondsichel zu Beginn des Fastenmonats Ramadan gesichtet zu haben, erklären sie damit Tausende von verneinenden Aussagen zur Sichtung der Mondsichel für ungültig.

IX. Allegorie von der „Milchdosenfrucht"[109]

Anhand des folgenden Gleichnisses wird es ersichtlich, dass das Berichten und das Beweisen eines bejahenden, feststehenden Anliegens[110] leicht sind, wohingegen Verleugnung und Verneinung sehr schwierig zu beweisen sind. Beispielsweise sagt jemand: „Es gibt einen Garten auf der Erde, dessen Früchte Milchdosen sind." Woraufhin ein anderer sagt: „Nein, gibt es nicht". Derjenige, der den bejahenden Satz als These vertritt, kann seine These ganz leicht beweisen, er bräuchte lediglich den Ort des Gartens oder einige seiner Früchte zeigen. Die verneinende Person kann ihre Anti-

---

108 Der Lehrmeister meint damit die großen Menschen, wie Buddha Gautama, Zarathustra, Moses, Jesus, Muhammed (Frieden und Segen seien mit ihnen) und alle Religionen und Weltanschauungen, die sich in Bezug auf das Leben nach dem Tod übereinstimmen.

109 Siehe das Zehnte Wort, fünfter Anhang.

110 *emr thubūtī*

these aber erst beweisen, nachdem sie alles auf der Erde gesichtet und anderen Menschen gezeigt hat, was sie dabei festgestellt hat.

Die Gewissheitsstufe des Paradieses

Wie viel mehr trifft das auf diejenigen zu, die vom Garten des Paradieses berichten, dessen Existenz zeigen, indem sie Hunderttausende von Durchsickerungen, Früchten und Spuren des Paradieses veranschaulichen. Selbst das Zeugnisablegen von zwei vertrauenswürdigen Berichterstattern reicht vollkommen aus, um die feststehende Existenz des Paradiesgartens zu beweisen. Diejenigen wiederum, die die Existenz des Paradieses verneinen und abstreiten, müssten das gesamte Universum erforschen und die unendliche Zukunft überblicken, sichten, ausschöpfen [d. h. das ganze Sein und die ganze Zeit] durchsieben, damit sie ihre Antithese beweisen und die Nichtexistenz des Paradieses belegen könnten.

Kurzum: In der gesamten Welt existiert kein authentischerer Bericht, keine unwiderlegbarere These, keine offensichtlichere Wahrheit als diese [das Leben jenseits des Todes].

All diese Berichte geben uns die Gewissheitsstufe von Konsensus und Einmütigkeit, dass das ganze Geschehen und die ganzen Geschäfte in dieser vergänglichen Welt auf eine beständige andere Welt abzielen. Ohne jeden Zweifel ist diese Welt ein Ackerfeld. Der Ort der Wiederauferstehung wiederum ist ein Dreschplatz für die Ergebnisse der irdischen Geschäfte. Das Paradies und die Hölle bilden somit zwei Speicherkammern dieser Ergebnisse.[111]

---

111 Inspiriert vermutlich von den Versen El-Enfāl 8:36 – 37: „Jene, die

Zehnte Szene der Allegorie

KOMM, HEUTE IST DAS KÖNIGLICHE FRÜHJAHRSFEST Nouruz! Es wird Veränderungen geben und es werden wunderbare Dinge geschehen. Lass uns an diesem wunderschönen Frühlingstag einen Spaziergang über das grüne, blumengeschmückte Gelände machen.

Schau, auch die Anwohner[112] versammeln sich hier. Es grenzt an Zauberei: Gebäude, die nur noch bloße Ruinen waren, sind hier plötzlich wieder erstanden, haben eine neue Form angenommen. Und schau, wundersamerweise gleicht das verödete Gelände nun einer dicht bevölkerten Stadt. Sieh dir das an! Jede Stunde zeigt wie in einem Kinofilm eine neue Szene und nimmt eine neue Gestalt an. Beachte aber auch, dass inmitten dieser komplexen, sich schnell verändernden und vielfältigen Szenen eine vollkommene

---

hartnäckig an der Verleugnung festhalten, werden schließlich in der Hölle versammelt werden. So unterscheidet Gott die Verdorbenen von den Lauteren und häuft all jene, die verdorben sind, einen auf den anderen, und lässt sie in die Hölle eingehen. Sie sind fürwahr die Verlierer." Paradies und Hölle sind die beiden Speicher, in die sich der Fluss der Ereignisse und die spirituellen Erzeugnisse der Erde, die von ihren bewussten Bewohnern hervorgebracht werden, ergießen. Die Speicherkammern sind ihren Produkten gemäß verortet: Der Speicher mit den schlechten Produkten befindet sich unten, der mit den guten oben. Paradies und Hölle sind zwei Becken, in die der reißende Strom aller existierenden Dinge, der hin zur Unendlichkeit fließt, mündet. Der Ort der Becken befindet sich jeweils am Ende des Flusses, wo sich alle Wasser sammeln. Das verunreinigte und trübe Wasser lagert sich unten ab, das reine, klare Wasser oben (*Kleine Briefe,* Erster Brief).

112 Unter Anwohner sind die Lebewesen zu verstehen.

Ordnung herrscht und sich alles am vorgesehenen Platz befindet. Nicht einmal die uns auf Kinoleinwänden präsentierten fiktiven Szenen könnten jemals so wohl geordnet sein wie diese hier. Auch Millionen von erfahrenen Regisseuren und Zauberkünstlern wären nicht dazu imstande, uns solche Szenen und Kunstwerke vorzuführen. Dieser König, den wir nicht sehen können, muss aber sehr große Wunder vollbracht haben.

Du törichter Mensch sagst: „Wie soll dieses riesige Reich denn zerstört und an anderer Stelle wieder aufgebaut werden?" Nun siehst du, dass [selbst auf diesem Frühlingsgelände] stündlich zahllose Veränderungen und Umwälzungen und Übersiedlungen vor sich gehen, die auf die Übersiedlung[113] [in das Jenseits] schließen lassen, welche dein Verstand aber nicht akzeptiert. Aus diesem ständigen Zusammenkommen und Auseinandergehen darf abgeleitet werden, dass sowohl hinter den sichtbaren schnellen Zusammenführungen und dem Auseinandergehen als auch hinter den Errichtungen und Auflösungen sich ein anderer, bestimmter Zweck verbirgt. Es wird zehn Jahre Arbeit investiert, um eine einstündige Zusammenkunft oder Veranstaltung zu ermöglichen. Demzufolge können die von uns beobachteten Veranstaltungen und Feierlichkeiten, kurzum die Gegebenheiten, nicht das endgültige Ziel sein. Vielmehr gleichen sie Demoversionen oder Generalproben.

Der erhabene Regisseure richtet diese Bühne auf und erstellt diese Szenen mit seiner Wunderkraft, um sie sowohl aufzuzeichnen und zusammenzustellen als auch ihre End-

113 *tebdil-i diyar*

ergebnisse[114] zu speichern und niederzuschreiben. [Das Ergebnis dieses Prozesses wird somit aufgezeichnet und aufbewahrt,] genauso wie jedes Detail eines Manövers am Prüfungsort niedergeschrieben und aufbewahrt wurde. Daraus ist zu erschließen, dass bei der größten Zusammenkunft diese Aufzeichnungen im Mittelpunkt stehen werden und die Behandlung sich an ihnen orientieren wird. Des Weiteren werden die Aufzeichnungen all dessen, was sich hier ereignet, in einer großen Ausstellung[115] ewig zur Verfügung gestellt werden. All die vergänglichen und sich verändernden Erscheinungen, die wir hier sehen, werden unveränderliche Szenen und ewige Früchte hervorbringen. Das heißt, alle diese Zeremonien und Feierlichkeiten [, die wir in dieser Welt beobachten,] dienen der höchsten Glückseligkeit, einem Obersten Gerichtshof und erhabenen Zwecken, die uns noch unbekannt sind.

---

114 Yāsīn 36:12: „Wahrlich, Wir sind es, die die Toten zum Leben erwecken werden; und Wir schreiben auf, was sie vorausgeschickt haben (ins Jenseits) und was sie (an Gutem und Bösem) zurücklassen. Wir haben alles niedergeschrieben in einem manifesten Buch."
115 *meşher-i âzam*

Zehnte Wahrheit: Die Wiederversammlung im Frühling

Die zehnte Wahrheit ist das Tor der Wiederbelebung und des Todes. Sie ist die Reflexion Seiner Namen „der ewig Lebende", „der Sich Selbst Erhaltende" und „der Schöpfer des Lebens und des Todes".[116]

Der Ruhmreiche, der über alle Angelegenheiten dieser Welt verfügt, erschafft auf der begrenzten, vergänglichen Erde tatsächlich in jedem Jahrhundert, in jedem Jahr und an jedem Tag zahlreiche Proben und Demoversionen sowie Hinweise der „Größten Wiederversammlung"[117] und des Geländes der Wiederauferstehung. Das Frühjahrsfest in der Szene der Allegorie steht lediglich für den Frühling. Das mit Blumen übersäte grüne Gelände repräsentiert die Erde im Frühjahr. Die sich ständig erneuernden und wandelnden Bühnen und Szenen [dieses Theaterspiels der Schöpfung] stehen für die Stadien und Arten der kunstvollen Frühlings- und Sommergeschöpfe sowie für die Vorräte und Speisen für die Versorgung der Tiere und Menschen. Diese werden in der Zeit vom Anfang des Frühlings bis zum Ende des Sommers ins Leben gerufen und erschaffen. Der Allmächtige, Allgewaltige Künstler, der Schöne, Allweise Schöpfer entsendet sie einen nach dem anderen in makelloser Ordnung und erneuert sie in vollkommener Barmherzigkeit.[118]

---

116 Bâb-ı İhyâ ve İmâtedir. İsm-i Hayy-ı Kayyûmun, Muhyî ve Mümîtin cilvesidir.

117 *ḥaschr akbar*

118 Dies ist eine Fußnote des Lehrmeisters aus der zehnten Szene der Allegorie.

Die Wiederversammlung im Frühling

In der Wiederversammlung im Frühling, die jedes Jahr stattfindet, sehen wir, wie im Laufe von nur wenigen (5 – 6) Tagen Hunderttausende kleine und große Tier- und Pflanzenarten zusammengetragen werden und wieder zum Leben erwachen. Die Wurzeln aller Bäume und Pflanzen und auch ein Teil der Tiere werden wieder zum Leben erweckt und genau so wiederhergestellt, wie sie vorher waren.

Dem restlichen Teil der Tieren und Pflanzen wird eine Form verliehen, die so ähnlich wie fast identisch mit ihrer früheren Form ist (z. B. Blätter und Früchte). Die Samenkörner unterscheiden sich hinsichtlich ihrer materiellen Zusammensetzung kaum und sie befinden sich ganz vermischt in der Natur. Dennoch werden sie in absoluter Genauigkeit innerhalb kürzester Zeit und breitester Umfang sowie leichteste Art und Weise voneinander differenziert und verkörpert. Sie werden in sechs Tagen, wenn nicht in sechs Wochen[119], in absoluter Ordnung und Ausgewogenheit wiederbelebt. Ist es möglich, dass demjenigen, der dies alles vollbringt, überhaupt irgendetwas schwerfällt? Dass er nicht in der Lage wäre, Himmel und Erde in sechs Tagen zu erschaffen, den Menschen mit einem lauten Ruf wieder zu versammeln und wieder zum Leben zu erwecken? Nein, mitnichten!

---

119 Geht auf die Koranverse El-Aʿrāf 7:54 und Yūnus 10:3 zurück. Mit „Tag" ist hier kein 24-Stunden-Tag gemeint, sondern ein Zeitabschnitt von unbekannter Länge.

Allegorien zur Fähigkeit der Allmacht Gottes, Menschen wieder zu versammeln und auferstehen zu lassen

X. Der wunderbare Kalligraf und Schriftsteller und das verstreute bzw. durchnässte Manuskript [über die Aufbewahrung des Geistes]

Stellen wir uns einmal vor, es gäbe einen wunderwirkenden Schriftsteller, einen Kalligrafen, der dreihunderttausend Manuskripte verfasst hat. Nachdem deren Buchstaben halb oder ganz verwischt waren, hätte er all diese Bücher innerhalb einer Stunde auf einem einzigen großen Blatt ohne Fehl und Tadel auf schönste Weise mit der feinsten Kalligrafie erneut aufgeschrieben. Dieser Schriftsteller hat auch noch ein besonderes Manuskript für dich persönlich verfasst. Dieses Buch fiel dir aber aus der Hand ins Wasser. Wenn jetzt jemand zu dir sagen würde: „Der Schriftsteller wird dieses Buch, das dir ins Wasser gefallen ist, innerhalb einer Minute aus dem Gedächtnis heraus erneut aufschreiben", würdest du dann sagen: „Dazu ist er nicht fähig, das glaube ich nicht"?

Schau nun erneut hin und sieh, wie der Ewige Verfasser genau vor deinen Augen die weiße Seite des Winters schließt und die grünen Seiten des Frühlings und des Sommers öffnet. Dann schreibt Er mit der Feder der Macht und der Bestimmung auf der Seite der Erde in schönster Weise Hunderttausende von Spezies der Schöpfung erneut auf. (Jeder dieser Spezies ist ein Buch auf der Seite der Erde, in dessen Buchstaben das ganze Buch eingraviert ist. Jeder Baum ist ein Wort, jede Frucht ein Buchstabe und jeder

Samen ein Punkt, der das Programm des ganzen komplizierten, großen Baums enthält. Also, jeder Punkt dieses Buches, dieser Buchstaben enthält die Zusammenfassung des Ganzen.) Obwohl alle Bücher und Manuskripte sich in Form und Aussehen unterscheiden und der Schreibprozess ineinander verschachtelt und äußerst kompliziert abläuft, erfolgt es ohne irgendein Durcheinander oder irgendeine Unstimmigkeit oder einen Schreibfehler.

[Der Schriftsteller ist unser Schöpfer. Jedes Lebewesen ist ein spezielles Manuskript aus der Hand der Macht des Schöpfers. Das „einzige große Blatt" ist die Erde. Das besondere Manuskript für dich persönlich steht für dein Geistesprogramm. Jedes Geistesprogramm ist also ein besonderes Manuskript. „Ins Wasser fallen" weist in diesem Fall auf den Tod des Menschen hin sowie auf den Winter für manche Pflanzen und Tiere. Das Gedächtnis des Schriftstellers steht für das Aufbewahren des Schöpfers.]

Der Weise Bewahrende Schriftsteller[120] verfasst und speichert das Geistesprogramm eines großen Baumes in einem Samen, winzig klein wie ein Punkt. Kann man behaupten, dass solch ein Schriftsteller, ein Kalligraf, der alles auch in seinem Gedächtnis aufbewahrt, nicht dazu fähig wäre, die Seelen [Programme] der Verstorbenen aufzubewahren?

XI. Der wundersame König und der Stein im Tal [über die Zerstörung der Welt]

Oder angenommen, es gibt einen ausgezeichneten König, der mit einem einzigen Befehl Berge versetzt, sein ganzes

120 *Zât-ı Hakîm-i Hafîz*

Königreich umkrempelt und das Meer in trockenes Land verwandelt, um so seine Macht zu demonstrieren oder eine Lektion zum Nachsinnen zu erteilen. Wenn du dann siehst, dass ein großer Felsbrocken zum Tal gerollt sei und den Weg der Gäste blockiere, die angereist sind, um der Einladung des Königs zu folgen. Würde nun jemand zu dir sagen: „Der hohe König wird den Felsbrocken, egal wie groß er ist, mit einem einzigen Befehl aufheben oder auflösen; er wird seine Gäste nicht im Stich lassen!“, würdest du ihm dann wirklich entgegnen, dass der König den Stein nicht entfernen würde oder könne?

[Der König steht für unseren Schöpfer. Das Tal ist der Weg in die Ewigkeit. Die Berge, die Er versetzt und das Meer, das Er in trockenes Land verwandelt stehen für das Universum und die darin enthaltenen Galaxien, Sternnebel, Himmelskörper und andere Elemente. Der Felsbrocken symbolisiert die Erdkugel. Die Gäste stehen für die Menschen. Die Einladung ist das Versprechen des Schöpfers auf das ewige Leben.]

Ergibt es denn Sinn, zu behaupten, dass der Allmächtige Eine, der die Erdkugel wie einen Schleuderstein schwingt, nicht in der Lage wäre, den Felsbrocken (unsere Erde), der seinen Gästen den Weg ins Jenseits versperrt, aufzuheben bzw. aufzulösen?

XII. Der allgewaltige Befehlshaber und sein Heer [über die Wiederherstellung des Körpers]

Oder stell dir vor, jemand vermag innerhalb eines einzigen Tages eine riesige Armee zusammenzustellen. Man sagt, er sei auch in der Lage, die in eine Ruhepause verschickten

Soldaten dieser Armee mit einem einzigen Trompetenstoß erneut zusammenzurufen, damit sie sich in Bataillonen aufstellen. Wenn du nun entgegnen würdest: „Ich glaube es nicht!", würdest du selber erkennen, dass ein solches Verhalten von ziemlich großer Torheit zeugen würde.

[Die Armeen stehen für die Lebewesen. Die Bataillone stehen für die Körper. Die Soldaten stehen für die Grundatome und Hauptbestandteile (Gliedmaßen) des Körpers. Die Entlassung der Armee in eine Ruhepause steht für die Auflösung der Körper bzw. für den Tod. Der Trompetenstoß steht für die Posaune der Auferstehung.]

Der Allgewaltige Glorreiche Befehlshaber rekrutiert und platziert die Atom-Soldaten aus dem Nichts mit dem Befehl „Sei – und es wird" innerhalb der Bataillone der Körper erneut in vollkommener Ordnung, woraus die Heerscharen der Lebewesen entstehen.

Macht es überhaupt Sinn, auch nur die Frage zu stellen, wie Er es bewerkstelligt, die Atom-Soldaten, die sich bereits zuvor in den Bataillonen derselben Körper kennengelernt haben und der Verwaltungsordnung dieses Körpers untergeordnet waren, mit einem Posaunenstoß bzw. einem lauten Schall[121] erneut zusammenzubringen? Nein, mitnichten!

---

121 Vgl. Koranvers Yāsīn 36:49, 53: „Sie sollten auf nichts anderes warten als auf einen einzigen niederschmetternden Schall, der sie unerwartet erfassen wird, während sie noch (unachtsam untereinander über ihre weltlichen Angelegenheiten) streiten. Es ist nur ein einziger niederschmetternder Schall, und siehe, sie werden alle (auferweckt worden sein, und) vor Uns (vor Gericht) gestellt werden." Der Lehrmeister erklärt mit der Parabel diese Verse.

Schau, was das Höchste Dekret bezüglich der Wahrheit, um die es hier geht, zu sagen hat:

Schau dann auf die Spuren von Gottes Barmherzigkeit, wie Er die Erde nach ihrem Tode belebt. Wahrlich, Derselbe wird auch die Toten erwecken; denn Er hat Macht über alle Dinge.[122]

Die Wiederauferstehung zeigt sich nicht nur im Frühling

Mit eigenen Augen kannst du die zahlreichen Entwürfe und Aufführungen sehen, die Gott als Stichproben, Beispiele und Hinweise für die *größte Wiederauferstehung und Wiederversammlung*[123], ähnlich wie die Wiederauferstehung des Frühlings, angefertigt hat. Diese Demonstrationen hat Er in allen Zeitspannen der Geschichte, in jedem Jahrhundert und im Wechsel des Tages und der Nacht, ja sogar in der Entstehung und Auflösung der Wolken im Himmel platziert. Wenn du dir nun vorstellst, ins letzte Jahrtausend zu reisen und dann Vergangenheit und Zukunft, die beiden Flügel der Zeit, zusammenfalten würdest, [Aus dem Zeitpunkt „1000" die Vergangenen 1000 Jahre nämlich „0" mit den kommenden 1000 Jahren nämlich 2000] würdest du auf Ähnlichkeiten und Analogien hinsichtlich der Wiederauferstehung und der Wiederversammlung stoßen, die so zahlreich wie die Jahrhunderte und die Tage der Vergangenheit sind. Wenn du, auch nachdem du sie gesehen hast, die körperliche Wiederauferstehung weiterhin für unwahrscheinlich und für implausibel hältst, so wisse, dass dein Urteil und dein

---

122 Er-Rūm 30:50.
123 *haschr-i azam*

Verstand schierer geistiger Unzurechnungsfähigkeit verfallen sind.

Resümee

Es gibt nichts, was gegen die Wiederauferstehung spräche. Alles erfordert sie und alles spricht dafür. Die ruhmreiche und unendliche Herrschaft, die allmächtige und allumfassende Souveränität des Einen, der über Leben und Tod dieser erstaunlichen Auferstehungsbühne der Erde bestimmt, als ob es sich bei ihr nur um ein einziges Lebewesen, einen einzigen Organismus handele[124]; des Einen, der aus ihr eine angenehme Wiege[125] und ein ansehnliches Schiff[126] für Menschen und andere Lebewesen gemacht hat, der die Sonne zur Lampe[127] und zum Herd gemacht hat, um diesem Gasthaus der Welt Licht und Wärme zu spenden, der die Planeten als Flieger zur Beförderung Seiner Engel erschaffen hat,[128] kann nicht auf die veränderbaren, vergänglichen, instabilen, schwachen und unvollkommenen Verhältnisse und Anliegen dieser Welt gegründet und beschränkt sein. Er muss vielmehr über ein anderes Reich verfügen, das Ihm würdig,

124 Vgl. El-Mulk 67:15: „Er ist es, der euch die Erde Untertan gemacht hat, so wandert dahin entlang ihren Schultern."
125 Ein Verweis auf Edh-Dhāriāt 51:48: „Und die Erde, Wir haben sie hingebreitet wie eine Wiege, und wie ausgezeichnet vermögen Wir sie hinzubreiten."
126 Ein Verweis auf Edh-Dhāriāt 51:3: „bei den leicht dahinziehenden Schiffen".
127 Ein Verweis auf El-Furqān 25:61: „Gepriesen und erhaben ist Er, der am Himmel gewaltige Sternzeichen errichtet und darin eine (große, strahlende) Lampe gesetzt hat und einen leuchtenden Mond."
128 Siehe *Kleine Briefe,* S. 96.

unveränderlich, dauerhaft, stabil, stark und vollkommen ist. Und in der Tat, Er besitzt so ein anderes Reich. Um dessentwillen lässt Er uns arbeiten[129], und in ebendieses Reich lädt Er uns schließlich ein.[130]

129 El-Ḥadīd 57:21: „Und wetteifert miteinander um Vergebung von eurem Herrn und um einen Garten, dessen Weite ebenso grenzenlos ist wie die Weite des Himmels und der Erde, bereitet für jene, die aufrichtig an Gott und Seine Gesandten glauben."
130 Yūnus 10:21: „Und Gott lädt ein zur Wohnstätte des Friedens ..."

Elfte Szene der Allegorie

Komm, mein starrsinniger Freund. Lass uns ein Flugzeug oder einen Zug[131] besteigen, mit dem wir nach Osten oder Westen, das heißt, in die Vergangenheit oder in die Zukunft reisen. Lass uns sehen, welch wunderbare Werke diese wunderwirkende Persönlichkeit an anderen Orten vollbracht hat. Schau! Überall [in der Vergangenheit und in der Zukunft] gibt es außergewöhnliche Gasthäuser, Übungsgelände und Ausstellungshallen, wie wir bisher schon gesehen haben. Sie unterscheiden sich allerdings in puncto Kunstfertigkeit und Form.

Beachte jedoch, welche Ordnung und Harmonie, die auf eine manifeste Weisheit hindeuten, welche offenkundigen Hinweise der Gunst, welche Zeichen erhabener Gerechtigkeit bzw. Ausgewogenheit und welche Früchte umfassender Barmherzigkeit an diesen vergänglichen Gasthäusern, diesen unbeständigen Übungsgeländen und diesen vorbeiziehenden Ausstellungshallen zu erkennen sind.

Jeder, der nicht ganz und gar uneinsichtig ist, wird verstehen, dass man sich keine vollkommenere Weisheit, keine schönere Gunst, keine umfassendere Barmherzigkeit und keine glorreichere Gerechtigkeit bzw. Ausgewogenheit vorstellen kann.

Falls es – wie du es dir einbildest – keine ewigen Wohn-

131 Der Lehrmeister vergleicht die Zeit oft mit einem Zug. Der Zug am Anfang der Hauptallegorie und der Zug in der Allegorie der dritten geistreichen Bemerkung des zweiten Kapitels im 23. Wort verweisen auf die Zeit. Vermutlich wird der abstrakte Begriff der Zeit in der Welt der Projektionen als Zug oder Flugzeug dargestellt.

häuser, keine erhabenen Plätze, keine festen Stationen, keine zeitlosen Ruhestätten, keine dauerhaft ansässigen Einwohner, keine zufriedenen Bürger in der Sphäre des Königreiches gäbe und falls die Wahrheitsessenzen der Weisheit, Gunst, Barmherzigkeit und Gerechtigkeit bzw. Ausgewogenheit des Königs keinen Raum hätten, in dem sie sich voll und ganz manifestieren könnten, dann wären wir gezwungen, die Weisheit, die wir sehen, die Gunst, die wir beobachten, die Barmherzigkeit, die sich vor unseren Augen zeigt, und die Gerechtigkeit bzw. Ausgewogenheit, deren Zeichen sichtbar sind, zu leugnen. Das aber wäre ebenso töricht, wie das Tageslicht zwar zu erkennen, die Existenz der Sonne jedoch abzustreiten.

Wir müssten dann konsequenterweise auch denjenigen, von dem all die weisen Maßnahmen, all die großzügigen Handlungen und all die barmherzigen Geschenke kommen, als einen abscheulichen Schwindler oder einen heimtückischen Tyrannen annehmen (Gott behüte!).

Dies würde bedeuten, die Wahrheitsessenzen [die die Weisheit, Gunst, Gerechtigkeit bzw. Ausgewogenheit und Barmherzigkeit ausmachen] in ihr Gegenteil [in Sinnlosigkeit, Missgunst, Ungerechtigkeit und Folter] zu kehren, was aber der einmütigen Aussage aller Menschen der Vernunft zufolge unmöglich ist.[132] Nur Sophisten, die ja bekanntlich sogar die Existenz der Dinge leugnen, wären vielleicht dazu in der Lage. Es gibt also ein anderes Reich, das neben dem

132 Der Lehrmeister meint, dass es nicht ausreicht, die Weisheit, Gunst, Ausgewogenheit und Barmherzigkeit abzustreiten, sondern es notwendig wäre, das Gegenteil von diesen Wahrheiten anzunehmen.

gegenwärtig bestehenden existiert. In ihm gibt es ein höchstes Gericht, das heißt, einen ehrwürdigen Ort des Ausgleiches, einen obersten Platz der Großzügigkeit, an dem sich all seine Gunst, Weisheit, Barmherzigkeit und Gerechtigkeit sowie Ausgewogenheit in vollem Umfang entfalten und manifestieren können.

Elfte Wahrheit: Die unwandelbaren Grundwahrheiten zwischen den Zeilen der wandelbaren Welten der Zeit erkennen

Die elfte Wahrheit ist das Tor der Weisheit, der Gunst, der Barmherzigkeit und der Ausgewogenheit[133]. Sie ist die Reflexion der Namen „der Weise", „der Großzügige", „der Barmherzige" und „der Gerechte".

[Das Flugzeug bzw. der Zug in der Szene der Allegorie steht für die Zeit. Wer das Flugzeug oder den Zug der Zeit besteigt und in Gedanken in die Vergangenheit reist, wird in jedem Jahr der Geschichte jeweils eine andere Welt, ein anderes Gasthaus der Erde, eine andere Bühne, ein anderes Gelände der Prüfung und eine andere Ausstellung der Waren sehen. Sie gleichen zwar den Gegenwärtigen, sind aber für die Gegenwart bereits vergangen. Obwohl diese Welten, Gasthäuser, Prüfungsbühnen und Ausstellungen sich voneinander bezüglich ihrer Form und Beschaffenheit unterscheiden mögen, gleichen sie sich hinsichtlich der Anordnung, der Erlesenheit und der Art und Weise, in der sie die Macht und Weisheit des Schöpfers zur Schau stellen.

Zwar verwandeln sich die Ausstellungsorte, Prüfungsbühnen sowie Gasthäuser mit der Zeit, jedoch sind die vier Grundwahrheiten zwischen den Zeilen dieser wandelbaren

133 In der Begrifflichkeit des Lehrmeisters heißt *adalet* nicht nur Gerechtigkeit, sondern dem arabischen Ursprung entsprechend auch Ausgewogenheit. Für weitere Ausführungen siehe die Zwischenüberschrift Gerechtigkeit (Elfte Wahrheit).

Welten zu erkennen: Weisheit, Gunst, Barmherzigkeit[134] und Ausgewogenheit.] Nehmen wir einmal den unmöglichen Fall an, dass der Ewige Souverän, der all jene Dinge bewirkt und der die oben erwähnten Gasthäuser und die Gäste ständig auswechselt, keine unvergänglichen Bestimmungsorte, keine erhabenen Plätze,[135] keine konstanten Stellungen und Stätten,[136] keine ewigen Wohnstätten,[137] keine sesshaften Einwohner[138] und keine glücklichen Diener[139] in seinem Reich hätte. Dann müssten wir die Essenzen der Weisheit, der Gunst, der Barmherzigkeit und der Ausgewogenheit in der Schöpfung *verneinen*. Also müssten wir diese metaphysischen Grundelemente verneinen, die so stark und umfassend sind wie die physischen Grundelemente Licht[140], Luft, Wasser und Erde. Zudem müssten wir die Existenz dieser metaphysischen Grundelemente *abstreiten*, die so augenscheinlich sind wie die physischen, sichtbaren Elemente.[141] Denn – wie allgemein bekannt ist – können sich die wahren Essenzen dieser metaphysischen Grundelemente in dieser vergänglichen Welt in ihren Inhalten nicht in vollem Umfang

---

134 siehe:Kleine Worte: Drittes Geheimnis: Barmherzigkeit als das zentrale Ornament aller Gottesnamen (S. 162).

135 Vgl. Maryam 19:52

136 Vgl. El-Furqān 25: 76; El-Fāṭir 35:35.

137 Vgl. Et-Tewbe 9:72.

138 Vgl. Et-Tewbe 9:21.

139 Vgl. Hūd 11:108.

140 Licht statt Feuer: Vier Grundelemente aus der antiken griechischen Philosophie. Der Lehrmeister nennt an dieser Stelle statt Feuer das Licht.

141 Unterschied zwischen *nefy* und *inkar*: *nefy* ist das Verneinen und *inkar* das Abstreiten.

entfalten und manifestieren. Folglich müssen wir annehmen, dass es entweder einen anderen Ort gibt, an dem sie voll und ganz zur Entfaltung kommen, oder wir müssen die Weisheit vor unseren Augen, die in allen Dingen zum Ausdruck kommt, ganz und gar abstreiten; die Gunst, die wir sowohl bei uns als auch bei allen anderen Dingen jederzeit bezeugen, verleugnen; die Ausgewogenheit, deren deutliche Zeichen und Hinweise erkennbar sind, in Abrede stellen; die Barmherzigkeit, die wir überall beobachten, leugnen. Diese Annahme ähnelt in ihrer Irrsinnigkeit der Anerkennung des Tageslichts und der gleichzeitigen Leugnung der Existenz der Sonne als Lichtquelle.

Die Umkehrung der Wahrheitsessenzen in ihr Gegenteil

Wir müssten außerdem annehmen, dass der Eine, der diese weisen Vorgänge, die großzügigen Taten, die barmherzigen Geschenke im Universum bewerkstelligt, liederlicherweise, rein zum Spaß,[142] ja willkürlich mit der Schöpfung spiele[143] oder ein gnadenloser, grausamer Unterdrücker sei.[144] *Gott bewahre!* Das ist einerseits schier unmöglich, andererseits setzt es die Umkehrung der Wahrheitsessenzen dieser Grundwahrheiten, nämlich der Weisheit, der Gunst, der Barmherzigkeit und der Ausgewogenheit, in der Schöpfung voraus. [Denn wir müssten in diesem Fall annehmen, dass

142 Vgl. Ṣād 38:27.
143 Vgl. Aṭ-Ṭāriq 86:13–14 und El-ʾEnbiyāʾ 21:16–17.
144 En-Nisāʾ 4:40; Yūnus 10:44; El-ʿAnkabūt 29:40; Er-Rūm 30:9; Yā. Sīn 36:54.

Er einerseits vollkommen weise und zugleich vollkommen unsinnig handelt, vollkommen barmherzig und zugleich vollkommen grausam, vollkommen gerecht und zugleich vollkommen ungerecht.] Selbst Sophisten[145], die die Existenz aller Dinge leugnen, u. a. ihres eigenen Selbst, würden keinen Gedanken an so etwas verschwenden.

Ja, die Veränderung der Wahrheitsessenzen ist nach einstimmiger Meinung unmöglich.[146] Noch unmöglicher als die Veränderung der Wahrheitsessenzen ist die Umkehrung einer Essenz in ihr Gegenteil. Es ist *a priori* tausendfach unmöglich, dass eine Essenz mit ihrem Gegenteil identisch ist, während sie gleichzeitig ihre Washeit, ihre Beschaffenheit bewahrt. Wie kann zum Beispiel eine grenzenlose Schönheit mit grenzenloser Hässlichkeit identisch sein, während sie ihre wahre Schönheit bewahrt?[147]

Quelle und Endzweck des Seins

Gott zeigt Seine absolute Weisheit und lässt Rückschlüsse darauf zu, indem Er an jeden Baum Ergebnisse hängt, so zahlreich wie seine Früchte, und indem Er jedem Lebewesen, ja sogar jedem Organ, und jedem kunstvollen Geschöpf gleichermaßen Weisheiten und Zielsetzungen bestimmt. Ist es überhaupt vorstellbar, dass Er Seinen Geschöpfen die

---

145 Einige Sophisten vertraten die Meinung, dass nichts existiere. Selbst wenn etwas existieren würde, so wäre es für den Menschen unfassbar. Wenn es für den Menschen fassbar wäre, so wäre es unaussprechbar und nicht mittelbar.

146 Bezüglich *inkılâb-ı hakaik ittifaken muhaldir: zuvor auf S. 33 thematisiert.*

147 Ursprünglich aus der sechsten Wahrheit.

allergrößte Weisheit, das allerbedeutendste Ziel, das allernotwendigste Ergebnis, die Quelle und den Endzweck, die die Weisheit zur Weisheit, die Gunst zur Gunst, die Barmherzigkeit zur Barmherzigkeit machen, nämlich die Unendlichkeit, die Wiedervereinigung und das ewige Glück versagt und vorenthält, wodurch Er Sein ganzes Anliegen gänzlich *ad absurdum* führen würde?

XIII. Allegorie vom unvernünftigen Baumeister

Gott würde sich dadurch auf eine Stufe mit jemanden stellen, der einen Palast errichtet, in dem jeder einzelne Stein Tausende von kunstvollen Verzierungen und Gravierungen trägt, in dem jeder einzelne Winkel Tausende von Ornamenten enthält und in dem jedem einzelnen Bereich Tausende von wertvollen Werkzeugen und Haushaltsgegenständen zur Verfügung stehen, der aber andererseits kein Dach über diesen Palast errichtet, sodass alles darin verrottet und sinnlos zerstört wird. Das ist undenkbar, *Gott bewahre, nein, mitnichten!*

Aus absolut Gutem kommt Gutes hervor und aus absolut Schönem entspringt Schönheit; aus absolut Weisem entstammt nichts Widersinniges.

Der Endzweck des Seins kann erst im Jenseits erfüllt werden

Das Sein als Schauplatz der Herrlichkeit

Wenn du die Aspekte des Seins aus den Perspektiven der Namen Gottes und des metaphysischen Reiches des Jenseits erblickst, wirst du Folgendes feststellen:

Jedes Samenkorn ist ein Wunder der Macht Gottes und verbirgt in sich einen Zweck so groß wie ein Baum. Jede Blüte[148] ist ein Wort der Weisheit und enthält so viele Sinngehalte wie die Anzahl der ganzen Blüten des Baumes. Eine Frucht ist ein wunderbares Kunststück, eine Komposition der Barmherzigkeit und hat so viele Zwecke wie die Anzahl aller Früchte ihres eigenen Baumes. Das, was eine Frucht für unsere Versorgung zu leisten hat, macht lediglich einen der Tausende ihrer Zwecke aus, denen sie nachkommt. Nachdem sie diesen Zweck erfüllt und diese eine Bedeutung zum Ausdruck gebracht hat, stirbt sie und wird in unseren Mägen „begraben". Doch die vergänglichen Dinge des Seins [wie diese eine Frucht] bringen an einem anderen Ort immerwährende Früchte hervor. Sie verlieren zwar ihre physische Form, hinterlassen aber [in den Gedächtnissen und im Weltall] metaphysische Spuren und Ausdrücke. Aus den bereits oben erwähnten Perspektiven betrachtet bringen sie [als Spiegel der Ewigen Namen Gottes trotz ihrer physischen Vergänglichkeit] unendliche Sinngehalte hervor. Demzufolge lobpreisen sie ihren Schöpfer unendlich. Der Mensch erlangt die wahre Menschlichkeit, indem er genau

148 Oder jede Blume.

diese ewigen Aspekte wahrnimmt, die auf den Schöpfer ausgerichtet sind. Somit findet er im vergänglichen Sein einen Weg zur Ewigkeit.

Würde es überhaupt einen Sinn ergeben, dass Er jedem Wesen, selbst einem Samenkorn, eine Verpflichtungslast so schwer wie die eines Baums auferlegt, ihnen Weisheiten so zahlreich wie seine Blumen überträgt und ihnen Zielsetzungen so zahlreich wie seine Früchte beschert, dass Er gleichzeitig jeder Verpflichtungslast, jeder Weisheit und jeder Zielsetzung lediglich einen Zweck bestimmt, der einzig und allein auf diese Welt gerichtet und so winzig wie ein Samenkorn ist?

Ist es überhaupt vernunftgemäß, dass Er lediglich das irdische Überleben dieses Samenkorns als endgültigen Zweck bestimmt, ein Fortleben, das nicht einmal so viel Wert hat wie ein Senfkorn?[149] Würde Er nicht vielmehr aus jedem Wesen Samenkörner für die [metaphysische] Welt der Sinngehalte[150] machen, [in der die wahren Bedeutungen der Dinge und Ereignisse dieser Welt manifestiert werden]? Würde Er sie nicht eher zu einem Acker für die Welt des Jenseits[151] machen, wo sie ihre wirklich wertvollen Erträge bringen und ihre Endzwecke erfüllen werden? Ist es vorstell-

---

149 Der Lehrmeister meint, dass Ziel und Zweck eines Samenkorns (rein materialistisch betrachtet) nichts anderes als sein weltliches Fortleben durch Fortpflanzung sei. Die Annahme wiederum, dass das Samenkorn nur um des Samenkorns willen existiere, ist jedoch widersinnig, da das Samenkorn unvergleichbar viele Ziele und Zwecke erfüllt und zu erfüllen hat. Siehe Allegorie VII, die Parabel des Steuermanns.

150 *ʿālem-i maʿnā.*

151 *ʿālem-i āḫiret.*

bar, dass Er so bedeutsame Feierlichkeiten und Zeremonien *ad absurdum* führt, indem Er [bewusstseinshabende] Wesen nicht dazu veranlasste, ihren Blick auf die [metaphysische] Welt der Sinngehalte und die Welt des Jenseits zu richten, wo das ganze Sein ihren tatsächlichen Zweck erfüllen und angemessene Früchte tragen wird?

Folglich sind in den Geschöpfen, die sich zwischen Leben und Tod, zwischen Zusammenkommen und Auseinandergehen bewegen, weitere Sinne verborgen. Diese Zustände, Leben und Tod, stehen für die Nachahmungen und Probeaufführungen eines ewigen Theaters.[152]

Die Aufnahmen dieses Theaters werden im ewigen Leben gezeigt

Einer der Zwecke unseres kurzen, individuellen und sozialen Lebens in dieser Welt besteht ebenfalls darin, dass Aufnahmen gemacht und die Ergebnisse unserer Handlungen aufgezeichnet und aufbewahrt werden. An einem Ort der Versammlung sollen sie beurteilt und an einem riesigen Ausstellungsort gezeigt werden. So soll sich dann zeigen, dass die Ergebnisse unserer Handlungen über das Potenzial zur höchsten Glückseligkeit verfügen. Ein edler Ausspruch „Die Welt ist das Ackerland für das Jenseits“[153] bringt diese Wahrheit zum Ausdruck.

---

152 Siehe 5. Prinzip, 6. Wahrheit.

153 Dieser Ausspruch ist allgemein als Hadith bekannt, gemäß der Hadith-Kriterien ist er aber kein authentischer Hadith aus dem Munde des Propheten. Der Sinngehalt dieses Ausspruchs jedoch wird durch den Koranvers esch-Schura 42:20 *Wer sich die Ernte des Jenseits wünscht (und sich darum bemüht), dem mehren Wir seine*

Der Mensch in dieser Welt ist Landwirt und Saat zugleich

Kurzum: Zwischen allen bezeugten Begebenheiten in dieser Welt – den umfassenden und prunkvollen Zusammenkünften für das Leben und den rasanten Auflösungen für den Tod, den großartigen Feierlichkeiten und herrlichen Manifestationen und den von uns bekannten, winzigen Früchten und unbedeutenden flüchtigen Endergebnissen, die auf diese vergängliche physische Welt gerichtet sind – gibt es keine Sinn ergebende Proportionalität (Zweckmäßigkeit). Diese Unverhältnismäßigkeit ist damit zu vergleichen, dass man einem unbedeutenden und winzigen Stein eine Bedeutung, einen Sinngehalt, einen Zweck zusprechen würde, die eigentlich einem riesigen Berg angemessen wäre, während man einem riesigen Berg eine Bedeutung und einen Sinn zuschreibt, die einem winzigen Stein zuzusprechen wäre. Dies wiederum widerspricht jeder Vernunft und jeder Weisheit.

Folglich legt diese Unverhältnismäßigkeit zwischen dem Sein und den Ereignissen und dem auf diese Welt ausgerichteten Ziel und Zweck unwiderlegbar Zeugnis darüber ab, dass die Perspektiven dieses [vergänglichen] Seins auf die metaphysische Welt, auf die Welt der Sinngehalte gerichtet sind. Sie bringen ihre verhältnismäßigen Früchte erst in jener Welt hervor. Sie richten ihre Blicke aufmerksam auf die heiligen Namen des Schöpfers. Ihre physischen Essenzen liegen zwar in der Erde dieser Welt, ihre Sprossen keimen

---

Ernte; und wer sich die Ernte dieser Welt wünscht, dem gewähren Wir davon, doch am Jenseits hat er keinen Anteil. bestätigt.

und gedeihen jedoch in der *Welt der Projektionen*[154]. Seinem Potential entsprechend sät also der Mensch auf Erden und zugleich wird er selbst in die Erde gesät. Er erntet jedoch erst im Jenseits [und wird selbst vom Schöpfer erst im Jenseits geerntet].[155]

---

154 *ʿālem-i mithāl:* Diese Welt wird auch *ʿālem-i temeththul* genannt. Sie bezeichnet die Dimension, in der das physische Sein in das metaphysische Sein übergeht. Diese Welt bildet eine Brücke zwischen den beiden. Jedes physische Ding hat demzufolge ein Pendant in der Welt der Projektionen: das Wissen beispielsweise wird als „Milch" projiziert. Siehe Gülen, Fethullah: *Kalbin Zümrüd Tepeleri,* Âyân-ı Sâbite ve Âlem-i Misal, S. 85 – 91.

155 Dass der Schöpfer die Menschen in die Erde sät kommt im Koran vor: El-Aʿrāf 7:179; El-Muʾminūn 23:79; El-Mulk 67:24. Der letztere Vers besagt: „Sprich: ‚Er ist es, der euch eingesät hat auf Erden, und Er (ist es), bei dem ihr versammelt werdet (um Rechenschaft abzulegen über euer Leben auf Erden).'" Siehe auch Nūḥ 71:17 – 18. Wenn schon der Tod der niedrigsten Lebensform wie einer Pflanze gleichsam eine Schöpfung, eine Weisheit und eine Ordnung beinhaltet, so wird der Tod eines Menschen, der höchsten Lebensform, in der Zwischenwelt zum Spross des ewigen Lebens aufkeimen, genau wie das Samenkorn, aus dem in der Erde ein Baum entspringt, der bis in den Himmel reicht (siehe *Erster Brief*). Der Mensch als Saat des Schöpfers kommt in einer anderen Allegorie des Lehrmeisters folgendermaßen vor: „Die Quantität hat keinerlei Bedeutung im Vergleich zur Qualität. Was die wahre Mehrheit ausmacht ist das Qualitative und nicht das Quantitative. Um ein Beispiel zu nennen: Angenommen es gibt 100 Dattelkerne, die nicht in die Erde eingepflanzt und gewässert und somit einem chemischen Prozess und einem Lebenskampf ausgesetzt werden; dann bleibt der Wert dieser Dattelkerne bei 100 Para. Wenn sie aber gewässert und einem Lebenskampf ausgesetzt werden und dabei 80 von ihnen aufgrund ihrer schlechten Anlagen verderben und 20 zu Dattelbäumen heranreifen, kannst du dann behaupten, dass das Wässern ein Übel war, weil es die Mehrzahl ins Verderben führte? Keineswegs. Denn diese 20 Dattelkerne entsprechen einem qualitativen Wert von 20.000 Dattelkernen. Der-

Das Gasthaus der Welt ist zukunftslos, diese Prüfungsbühne ist unbeständig und der Ausstellungsort ist nicht dauerhaft. Dennoch zeigt der **Prächtige Eigentümer des Seins** an diesen Orten Spuren überaus offensichtlicher Weisheit, offenkundiger Gunst, überlegener Ausgewogenheit und Gerechtigkeit sowie umfassender Barmherzigkeit. Wäre es dann überhaupt möglich, dass Er in Seinem Verwaltungsgebiet und physischen und metaphysischen Reich keine unvergänglichen Wohnstätten[156], keine ewigen Einwohner[157], keine konstanten Stellungen und Stätten,[158] und keine sesshaften Geschöpfe haben würde? Denn dadurch würde sich die sichtbare Essenz der Weisheit, Gunst, Ausgewogenheit und Barmherzigkeit in dieser Welt annullieren. [Dann müssten wir annehmen, dass Er die ganze Existenz mitsamt ihrer Einwohner ins Dasein gerufen hätte, um sie wieder zu vernichten. Dies wäre mit Seiner Weisheit, Barmherzigkeit,

jenige, der 80 Dattelkerne verliert, dafür aber 20.000 erhält, erleidet keinen Verlust, den er als Übel werten könnte.
[...] Auf dieselbe Weise hat die Gattung Mensch mit der Entsendung der Propheten, dem Geheimnis der Verantwortung(-sübernahme), der Anstrengung und dem Kampf gegen die Satane Hunderttausende von Propheten, Millionen von Gottesfreunden und Milliarden von auserwählten Gläubigen *(aṣfiyā')* gewonnen, die im Himmel der Menschheit die Sonne, die Monde und die Sterne repräsentieren. Im Gegenzug hat die Menschheit diejenigen verloren, die nicht zu dieser Gruppe gehören." *(Zwölfter Brief)*. Ähnlich argumentiert Jesus Christus im Gleichnis vom Unkraut unter dem Weizen (siehe Matthäus 13,24–30). Und Mewlana Rumi sagt bestätigend: „Fiel je ein Korn in die Erde, das sich nicht köstlich entfaltet? Glaubt ihr denn, dass sich das Korn des Menschen anders gestaltet?"

156 Vgl. Et-Tewbe 9:72.

157 Vgl. Et-Tewbe 9:21.

158 Vgl. El-Furqān 25: 76; El-Fāṭir 35:35.

Gunst und Ausgewogenheit nicht kompatibel.] Der Allweise Eine nimmt unter all den Geschöpfen den Menschen als universellen Ansprechpartner und einen umfassenden Spiegel zu Sich Selbst. Somit lässt Er den Menschen sämtliche Kostbarkeiten der Schatzkammer Seiner Barmherzigkeit frei kosten, abwägen und erkennen. Er gibt sich dem Menschen mit Seinen sämtlichen Namen kund. Er liebt ihn und wird von ihm liebgewonnen.

Ist es überhaupt sinnvoll, dass Er ihn nach alledem in Seine ewige Heimat nicht entsendet, in den Ort der unvergänglichen Glückseligkeit nicht einlädt und ihn schließlich unglücklich macht?[159]

Der eigentliche Daseinszweck des Menschen ist nicht auf das irdische Leben beschränkt

Analog dazu: Ist es überhaupt vernunftgemäß, dass Er dem Haupt [also dem Verstand] und dem inneren Gefühlsvermögen[160] des Menschen Verantwortungs- und Verpflichtungslasten aufbürdet, so zahlreich wie seine Haare, und als Gegenleistung lediglich das irdische Leben – ein einziges Haar – erbringt? Ist es möglich, dass Er so Seiner wahren Gerechtigkeit und Seiner tatsächlichen Weisheit zuwider, ja widersinnig handelt? Ist es überhaupt möglich, dass Er durch diese [angenommenen widersinnigen Handlungen] den Wahrheiten Seiner eigenen Eigenschaften und Namen widerspricht bzw. sie bloßstellt, und sich selbst so darstellt, als ob Er – *hāschā* und *kellā*[161] – mit den gegensätzlichen

---

159 Vgl. el-Baqara 2:221.

160 *hawass-i batina.*

161 Beides sind Begriffe aus dem Koran, die verwendet werden, wenn

Bezeichnungen Seiner wahren Eigenschaften der Weise, der Großzügige, der Ausgeglichene und Gerechte sowie der Barmherzige beschrieben werden sollte? Und dass er dabei alle Wahrheiten des Universums leugnet, die Zeugnisse des ganzen Seins abstreitet, die Beweisführung der kunstvollen Geschöpfe für nichtig erklärt, die auf Seine Weisheit, Seine Gunst, Seine Ausgeglichenheit und Seine Gerechtigkeit sowie Seine Barmherzigkeit hindeuten? Mitnichten!

[Drei von vier Grundelementen wurden in den Kapiteln „Zweite Wahrheit" und „Dritte Wahrheit" behandelt, weshalb wir an dieser Stelle dorthin verweisen möchten. Einen weiteren Aspekt der Gerechtigkeit bzw. Ausgewogenheit wird im Folgenden vom Lehrmeister nochmals detailliert aufgegriffen.]

Viertes Grundelement: Ausgewogenheit bzw. Gerechtigkeit

Gerechtigkeit bzw. Ausgewogenheit manifestiert sich in zwei Aspekten: in einem positiven[162] und einem negativen. Der positive Aspekt besteht darin, dass jedem das, was ihm zusteht, gegeben wird. Dieser Aspekt tritt umfassend und unmittelbar einleuchtend in der Schöpfung in Erscheinung. Wie bereits im Kapitel „Dritte Wahrheit" ausgeführt wurde, wird allem eine Existenz und Form gegeben und entsprechend eines präzisen Gleichgewichts und Maßes ein Platz

---

eine absolute Verneinung ausgedrückt werden soll. *Hāschā* bedeutet so viel wie: Gott bewahre, *kellā* so viel wie: nie und nimmer, keineswegs! Für *hāschā* siehe Yūsuf 12:51 und für *kellā* El-Qiyāme 75:11.

162 *suum cuique tribuere*: jedem das Seine zugestehen.

zugewiesen, sodass alles seiner Natur entsprechend das, was ihm für seine Existenz und für sein Fortleben zusteht, in gerechter und ausgeglichener Weise erhält. Alle Grundvoraussetzungen und Bedürfnisse der Existenz und des Lebens werden so in angemessener Weise erfüllt. Jeder Wunsch und jede Bitte, die mit der Sprache des *Entwicklungspotenzials*, mit der Sprache des *Bedürfnisses der Grundveranlagung* und mit der Sprache der *Bedrängnis*[163] an den majestätischen Schöpfer gerichtet werden, werden in Erfüllung gebracht.[164]

---

163 En-Naml 27:62.

164 Siehe 23. Wort 5. Punkt: „Durch die Erklärung der klaren Zeichen und Verse [des Korans] steht Folgendes fest: Jeder Existierende im ganzen Sein spricht besondere Lobpreisungen aus, verrichtet spezielle Gottesdienste und vollzieht in ihrer eigenen Art und Weise Niederwerfungen. Im Grunde ist alles, was von diesem Universum zu den Toren Seiner Göttlichen Barmherzigkeit vordringt, ein Bittgebet: Entweder in der Sprache des *Entwicklungspotenzial* – wie es bei [den Samen], den Pflanzen und Tieren der Fall ist. Jedes Tier und jede Pflanze erbittet von der absoluten Segensquelle Gottes eine Form, durch welche sie die entfalteten Manifestationen Seiner Namen präsentieren dürfen.
Oder in der Sprache des *Bedürfnisses ihrer Grundveranlagung* – wie es bei der Gesamtheit der Lebewesen der Fall ist. Sie beten für ihre notwendigen Bedürfnisse, die sie jedoch mit ihrer eigenen Kraft nicht stillen können. So erbitten sie in der Sprache jener Bedürfnisse den absolut Großzügigen Einen um ihre Verlangen, wie die Versorgungen, die ihr Fortleben versichern.
Oder in der Sprache des *Bedrängnises* – wie jedes Wesen, das eine Seele besitzt und in scheinbar ausweglosen Situationen bei einem unbekannten Beschützer flehend nach Zuflucht sucht. Im Grunde ist das die Zuwendung zum Barmherzigen Herrn.
Diese **drei Formen des Bittgebets** sind, soweit es keinen Hinderungsgrund gibt, annehmbar. Die vierte Form des Bittgebets ist die allseits bekannte: unser Bittgebet. Es hat zwei Ausprägungen.
Das eine ist das taten- und wesensbasierte Bittgebet,

Folglich ist der positive Aspekt der Gerechtigkeit bzw. Ausgewogenheit auf der [ontologischen] Ebene des Seins und des Lebens der Geschöpfe absolut gegeben.[165] Der negative Aspekt besteht darin, die Ungerechten auf der [ethischen] Ebene der Handlung zu erziehen. Er gibt dem Ungerechten seinen Verdienst durch Bestrafung oder Sanktionierung. Auch wenn diese Form von Gerechtigkeit in unserer Welt

---

das andere ist das herz- und wortbasierte Bittgebet." (Kleine Worte, S. 38f.)

165 Er-Raḥmān 55:7–9: „Und den Himmel – Er hat ihn hoch (über die Erde) gewölbt, und Er hat die Waage (der Gerechtigkeit) errichtet, damit ihr (die Grenzen bezüglich) dieses Maßes nicht überschreitet; und haltet euch in voller Gerechtigkeit an die Waage, und kürzt nicht das Maß." Wenn sich der Koran hier gleich in drei Versen hintereinander dem Gleichgewicht und der Ausgeglichenheit widmet, dann zeigt dies, welch wichtige Rolle ihnen zukommt. Hier wird betont, dass sich die Schöpfung und die Beziehungen zwischen ihren einzelnen Elementen in einem sehr feinen Gleichgewicht befinden. Die wunderbare Harmonie, die unser Universum prägt, und die Bewahrung der Harmonie sind diesem genau austarierten Gleichgewicht zu verdanken. Auch für das individuelle und gemeinschaftliche Leben des Menschen ist es unentbehrlich. Auf sozialer Ebene manifestiert sich das Gleichgewicht in der Gerechtigkeit. Im Hinblick auf die Erziehung und Vervollkommnung des Menschen erfordert es, dass allem im Leben möglichst das Maß an Beachtung geschenkt wird, das ihm gebührt, dass außerdem die grundlegenden Antriebskräfte Zorn, Begierde (oder Lust) und Verstand geschult, diszipliniert und so eingesetzt werden, dass sie sich in Tugenden wie Mut, Mäßigung (und Keuschheit) und Weisheit verwandeln. In seiner Ausführung bei den Reflexionen zu den Versen der Sure Er-Raḥmān erläutert der Lehrmeister, wie er Gerechtigkeit und Ausgeglichenheit in Zusammenhang bringt, dass sie in der Natur zu beobachten sind und dass der Mensch den Auftrag hat, diese Ausgeglichenheit zu bewahren. (Vgl. Reflexionen, 30. Reflexion, 3. geistreiche Bemerkung)

nicht vollständig manifestiert ist[166], gibt es doch zahllose Hinweise und Indizien, die ihre Existenz spüren lassen. Beispielsweise zeigen die „Ohrfeigen", die den Ungerechten ihre Lektion erteilten, – von Sanktionierungen und schmerzhafte Bestrafungen gegen die aufsässigen Völker der ʿĀd und Themud[167] in der Vergangenheit bis hin zu jenen unseres Zeitalters – intuitiv, dass es auch diese Form der erhabenen Gerechtigkeit gibt [und eines Tages vollständig herrschen wird]. [Ja, der negative Aspekt der Gerechtigkeit lässt sich nicht in dieser Welt im vollen Umfang manifestieren. Nicht jede ungerechte Handlung der Menschen, Dschinn und der Tiere wird in dieser Welt *unmittelbar* bestraft. Dennoch kann man zwischen den Zeilen der Zeitgeschehnisse lesen und intuitiv erkennen, dass der negative Aspekt der Gerechtigkeit Gottes *mittelbar* wirkt.[168]]

Resümee: Diese Welt bedingt das Jenseits

Da es diese Welt gibt und da in der Welt die Weisheit, die Gunst, die Barmherzigkeit und die Ausgeglichenheit mitsamt ihren Wirkungen existieren, gibt es folglich auch das Jenseits – so sicher wie das Dasein dieser Welt. Da sich jedes Ding in dieser Welt aus einer Perspektive auf die jenseitige Welt richtet, heißt das, sie werden in das Jenseits überführt.

---

166 Siehe: El-Kahf 18:58.

167 El-ʿAnkabūt 29:38; El-Muʾmin 40:31; El-Hāqqa 69:4.

168 Die beiden Weltkriege, Pandemien, Katastrophen, Erdbeben sind dem Lehrmeister zufolge Spuren dieser negativen Art von Gerechtigkeit in dieser Welt.

Das Jenseits zu leugnen heißt demzufolge, diese Welt mit allem, was sich darin befindet, zu leugnen.

So wie die festgesetzte Todesstunde und das Grab auf den Menschen warten, halten auch das Paradies und die Hölle sehnsüchtig nach ihm Ausschau.

Zwölfte Szene der Allegorie

Komm, lass uns nun zurückkehren. Wir werden mit den Anführern und Offizieren der verschiedenen Gesellschaften sprechen. Wir werden uns ihre Ausrüstung und Ausstattung anschauen und sie fragen, ob sie ihnen lediglich für eine kurze Zeit in diesem Reich zur Verfügung gestellt wurden oder ob sie ihnen geschenkt wurden, damit sie in einem anderen Reich ein langes Leben voller Glückseligkeit erlangen. Wir können uns zwar nicht mit jedem Offizier und Anführer und allen Ausstattungen befassen. Aber schauen wir uns doch einmal den Personalausweis und den Dienstzettel dieses einen Offiziers stichprobenartig an.

Der Personalausweis

Auf seinem Personalausweis sind sein Dienstgrad, seine Gehaltsstufe, sein Auftrag, sein Guthaben und seine Handlungsprinzipien vermerkt. Schau, dieser Dienstgrad wird nicht nur für ein paar Tage verliehen, sondern für einen unvergleichbar längeren Zeitraum. Auch heißt es in seinem Personalausweis folgendermaßen: „Du wirst an dem und dem Tag so und so viel Gehalt aus der persönlichen Kasse des Königs bekommen.“ Aber das hier aufgeführte Datum der besonderen Belohnung bezieht sich auf eine Zeit, die erst lange nachdem das Übungsgelände geschlossen wurde, eintreten wird.

Der Auftrag wurde nicht für dieses vergängliche Übungsgelände erteilt, sondern damit er sich eine permanente Glückseligkeit in der Nähe des Königs erwerben kann.

Und das Guthaben ist so hoch, dass es nicht für einen Aufenthalt von wenigen Tagen in einem Gasthaus bestimmt sein kann. Ganz im Gegenteil: Es reicht für ein langes und glückliches Leben.

Die Handlungsprinzipien machen deutlich, dass der Inhaber des Personalausweises ein Kandidat für einen anderen Ort als dieses Übungsgelände ist und dass sein Dienst für ein anderes, beständiges Reich gutgeschrieben wird.

Der Dienstzettel

Nun schau dir diesen Dienstzettel an: Darin befinden sich die Gebrauchsanweisungen für die Ausrüstungen des Offiziers sowie die Beschreibung seiner Verantwortlichkeiten.

Wenn es keinen anderen, erhabenen, ewigen Ort als dieses Übungsgelände gäbe, wären diese Dienstzettel mit ihren eindeutigen Anweisungen und dieser Personalausweis mit seiner deutlichen Aussage nahezu bedeutungslos.

Dann fiele dieser respektierte Offizier, dieser edle Kommandant und ehrenwerte Anführer noch eine Stufe tiefer als all die anderen Mitbürger. Er wäre erbärmlicher, unglücklicher, gedemütigter, geplagter, armseliger und schwächer als alle anderen.

Dieses Prinzip lässt sich auch auf andere Mitbürger und ihre Ausrüstungen anwenden. Was du auch betrachtest – alles zeugt davon, dass nach dieser vergänglichen Welt eine andere und ewige Welt kommen wird.

Demzufolge, mein Freund, ist diese vorübergehende Welt wie ein Ackerfeld. Sie ist ein Übungsgelände sowie ein Markt. Dieser vergänglichen Welt folgen das oberste Gericht und die höchste Glückseligkeit.

Wenn du das leugnest, dann musst du auch am Ausweis aller Offiziere, an ihrem Dienstzettel, an ihrer Ausrüstung und an ihren Handlungsprinzipien zweifeln. Ja, du wirst sogar die ganze in diesem Land herrschende Ordnung und das Vorhandensein einer Regierung leugnen müssen. Dazu wirst du noch die Existenz aller bereits vollzogenen Ausführungen und Leistungen abstreiten müssen. Dann wirst du nicht mehr als „Mensch" und „Bewusstseinswesen" bezeichnet werden können. In diesem Fall würdest du unvernünftiger urteilen als Sophisten.

Zwölfte Wahrheit: Das Menschenpotential kann diese Welt nicht befriedigen

Das Tor des Menschseins ist die Reflexion des Namens „das Recht“[169].

Das erhabene „Recht“[170], der einzig Anbetungswürdige[171], macht den Menschen im Universum zum wichtigsten Diener Seiner absoluten erzieherischen Herrschaft[172] und für die Welten zum wichtigsten Diener Seiner universellen Rabb-Heit[173].[174] *Gott* machte ihn zum intellektuellsten Adressaten Seiner erhabenen Ansprachen[175] und zum umfassendsten Spiegel für die Reflexionen Seiner Namen[176]. Er hat ihn als

169 *el-Haqq*

170 also Gott.

171 *mâbûd-u Bilhak.*

172 *rububiyet-i mutlaqa.*

173 *rububiyet-i āmme.*

174 Vgl. El-Fātiḫa 1:4. Wie ein Baum, der mit all seinen Fähigkeiten auf das Hervorbringen von Früchten ausgerichtet ist, so ist es die Barmherzigkeit Gottes, die das ganze Universum auf den Menschen ausrichten lässt und sich um ihn kümmern und ihn unterstützen lässt. (Drittes Geheimnis, Traktat über die Barmherzigkeit)

175 gemeint sind die göttlichen Offenbarungen (Thora, Evangelium, Psalmen, Koran, ...)

176 Die unterschiedlichen Namen des Schöpfers werden von verschiedenen Geschöpfen reflektiert. Während beispielsweise Steine und Gestirne die Namen „der Schöpfer/el-Khāliq" und „der Ordnende/el-Mudebbir" widerspiegeln, reflektieren Pflanzen und Tiere beispielsweise den Namen „der Versorgende/er-Rezzāq" und Engel können in ihrer stetigen Anbetung und Lobpreisung des Schöpfers den Namen „der einzig Anbetungswürdige/el-Maʿbud" besonders gut widerspiegeln. Namen wie „der die Reue Annehmende/et-Tewwāb" oder „der Vergebende/el-Ghāffar" können nur von Wesen reflektiert werden, die ein *Nefs* und damit das Potenzial zu Fehlentschei-

bestes und wertvollstes Abbild[177] erschaffen, welches den größten und gewaltigsten Namen bzw. die größten und gewaltigsten Stufen jedes einzelnen Seiner Namen widerzuspiegeln vermag. Er ist das schönste Wunder Seiner Allmacht.

Er rüstete ihn als einen tiefgründigen Forschenden[178] aus, als Inhaber von den meisten Messgeräten und Werkzeugen, der die meisten Kostbarkeiten der Schatzkammern Seiner Barmherzigkeit abzuwiegen und zu erkennen vermag. Er hat ihn mit so einer Washeit[179], so einer Beschaffenheit erschaffen, dass er derjenige ist, der am meisten auf Seine ewigen Gnadengaben angewiesen ist, den die Auflösung und die Sterblichkeit am meisten betrübt und der sich nach

---

dungen haben. Menschen und Djinn besitzen diese Eigenschaft und spiegeln somit gleichzeitig all die oben erwähnten Namen wider.

177 Vgl. Et-Tīn 95:4.

178 *mudaqqiq*. Der Lehrmeister unterscheidet zwischen *mudaqqiq (äußerst tiefgründige und genaue Forschender)* und *muhaqqiq (kritisch/gründlich nach Wahrheit Suchender)*

179 mahiyet, arab. māhiye: In der islamischen Philosophie bezeichnet der Begriff māhiye alle Eigenschaften eines Dinges, die auf die Frage „Was ist es?" als Antwort genannt werden können. Daher wird er auch mit „Washeit" oder „Wesenheit" übersetzt. Das lateinische Pendant zu māhiye ist quidditas. Dieser Begriff wurde in Europa aus der islamischen Philosophie eins zu eins übernommen. Der Begriff hūwiye wiederum bezeichnet die Identitäts- und Abgrenzungsmerkmale eines Dinges. Bediuzzaman bedient sich beider Begriffe an zahlreichen Stellen in seinen Werken. Möglicherweise ist der Begriff māhiye aus dem Koran abgeleitet. In El-Baqara 2:68 – 70 geht es darum, dass die Juden wissen wollten, woran sie eine Kuh, die zu schlachten ihnen aufgetragen worden war, erkennen sollten. Also erkundigten sie sich nach den Identifizierungsmerkmalen dieser Kuh. Und detaillierter sie fragten, desto mehr Merkmale wurden ihnen genannt.

der Unendlichkeit am stärksten sehnt. Er schuf ihn als das zerbrechlichste und verwöhnteste, das armseligste und bedürftigste, als das bekümmertste und unglücklichste aller Lebewesen hinsichtlich seines irdischen Lebens. Was aber sein Entwicklungspotenzial angeht, schuf Er den Menschen in allerbester Form und als allerbestes Abbild.

Ist es überhaupt möglich, dass der Schöpfer den Menschen einerseits mit den oben erwähnten Veranlagungen und Eigenschaften in den erwähnten Zuständen erschafft, andererseits jedoch ihn nicht in die Welt des Unendlichen überführt, obwohl der Mensch für das ewige Leben potenziell tauglich ist, sich danach sehnt und diesem am meisten würdig ist? Dass der Schöpfer damit dem Menschen die Essenz bzw. den Anspruch des Menschseins[180] versagt und dabei Seinem Recht und Seiner Gerechtigkeit vollkommen widerspricht und in der Tat ein abscheuliches Unrecht verübt?[181]

Treuhändergut und Gottesstellvertretung

Der mit Recht richtende Richter und absolute Erbarmer verlieh dem Menschen die Fähigkeit, das höchste Treuhän-

180 *haqiqat-i insaniye.*

181 Der Lehrmeister behandelt den positiven Aspekt der Gerechtigkeit in diesem Kontext. Der positive Aspekt besteht darin, dass jedem das, was ihm zusteht, gegeben wird. In dieser Wahrheit wird die Essenz und der Anspruch des Menschseins aufgrund der positiven Gerechtigkeit Gottes erörtert und geschlussfolgert, dass das Menschsein ein ewiges Leben in Anspruch nimmt. Das Potenzial des Menschen beansprucht das Jenseits und die ewige Glückseligkeit.

dergut[182] zu verwalten, eine Aufgabe, vor der die Himmel und die Berge sich scheuten, weil sie sie nicht zu tragen vermochten.[183] Mit winzig kleinen Messgeräten, Maßstäben und – einheiten und den kleinen Kunstfähigkeiten kann er die umfassenden Attribute[184], die universellen Potenziale[185] und unendlichen Reflexionen seines Schöpfers abwägend erkennen.[186] Gott schuf ihn auf Erden zerbrechlich, lieblich, verwöhnt, machtlos und schwach, aber setzte ihn dort als eine Art Ordnungsbeamter ein, der für die Ordnung der Geschöpfe in der Pflanzen- und Tierwelt sorgt und in deren Lobpreisungen und Gottesdienerschaft eingreift. Der Schöpfer veranlasste ihn zudem, als Minivertre-

---

182 emānet-i kubrā: Ein Aspekt des höchsten Treuhänderguts ist dem Lehrmeister nach das Ego des Menschen.

183 el-Aḥzāb 33:72: „Wir haben das Treuhandgut den Himmeln und der Erde und den Bergen angeboten, doch sie weigerten sich, es zu tragen, und schreckten davor zurück (weil sie befürchteten, die Verantwortung dafür nicht tragen zu können), der Mensch aber nahm es auf sich; er neigt wahrlich dazu, großes Unrecht zu begehen und falsch zu entscheiden und in völliger Unwissenheit zu handeln."

184 *sıfat.*

185 *külli şuunat.*

186 Der Lehrmeister geht davon aus, dass der Mensch und die Messgeräte und Maßeinheiten seiner Beschaffenheit in der Lage ist, die umfassenden Eigenschaften, Potenziale und Widerspiegelung Gottes abzuwägen. Unter diesen Messgeräten ist das menschliche Ego eines der wichtigsten unter ihnen. Denn der Mensch kann erst mit den vorgestellten Schranken seines Egos die unbegrenzten und schrankenlosen Eigenschaften Gottes erkennen. So dient jede menschliche Eigenschaft wie der Wille, die Macht, das Gespräch, das Gehör so wie das Wissen als Messgeräte bzw. Maßstäbe, durch die Gottes Eigenschaften, Potenziale und Reflexionen abgewogen und gemessen werden können. Siehe das 30. Wort: „Über das Ego und das Atom" (im Original: 30. Söz: Ene ve zerre risalesi).

tung im kleinsten Maßstab für die göttlichen Ausführungen im Universum zu fungieren, indem der Mensch die Rabb-Heit des Erhabenen Einen im ganzen Kosmos in Wort und Tat deklariert. Somit bevorzugte der Schöpfer ihn vor den Engeln und übertrug dem Menschen den Rang der Stellvertretung Gottes[187].[188] Ist es überhaupt vorstellbar, dass Er dem

187 *hilafet.*

188 Vgl. El-Baqara 2:30 – 34: „Und (gedenke der Zeit) als dein Herr zu den Engeln sprach: ‚Wahrlich, Ich werde auf Erden einen Statthalter einsetzen.' Sie (die Engel) sagten: ‚Willst Du auf ihr jemanden einsetzen, der dort Unordnung und Unheil stiftet und Blut vergießt, wo wir doch Dein Lob singen (verkünden, dass Du vollkommen frei bist von jeglichem Mangel und dass alles Lob nur Dir allein gehört) und Deine Herrlichkeit rühmen (und erklären, dass nur Du als Gott und Herr angebetet werden darfst).' Er sagte: ‚Fürwahr, Ich weiß, was ihr nicht wisst.' (Nachdem Er ihn erschaffen hatte), lehrte Er Adam die Namen, alle von ihnen. Dann (um die Überlegenheit der Menschen und die Weisheit in der Entscheidung, sie erschaffen und zu Statthaltern auf Erden gemacht zu haben, klarzustellen) zeigte Er sie (die archetypische Form der Dinge und Geschöpfe, deren Namen Er Adam gelehrt hatte, mit ihren Namen) den Engeln und sagte: ‚Nennt Mir deren Namen, wenn ihr wahrhaft seid (indem ihr Mich lobpreist, anbetet und heiligt, so wie es Mir als eurem Gott und Herrn zusteht).' (In Anerkennung ihrer Unvollkommenheit und angesichts ihrer Wahrnehmung des wirklichen Sachverhalts in dieser Angelegenheit) sagten (die Engel): ‚Gepriesen seiest Du (der Du hoch darüber erhaben bist, irgendeinen Mangel zu haben und etwas zu tun, das ohne Sinn wäre. Und Dir sind alle Eigenschaften der Vollkommenheit zu eigen). Wir haben kein Wissen außer dem, was Du uns gelehrt hast. Wahrlich, Du allein bist der Allwissende, der Weise.' (Um die Überlegenheit der Menschen noch deutlicher herauszustellen) sagte (Gott): ‚O Adam, nenne ihnen diese Dinge und Geschöpfe mit ihren Namen!' Und als er (Adam) ihnen ihre Namen genannt hatte, sagte Er (zu den Engeln): ‚Habe Ich euch nicht gesagt, Ich kenne die Geheimnisse der Himmel und der Erde und Ich weiß, was ihr offenbart und was ihr geheim haltet?' Und (gedenke der Zeit) als Wir zu den Engeln

Menschen die ewige Glückseligkeit nicht gewährt, die doch das Ziel und den Zweck, das Endergebnis sowie die Frucht der oben erwähnten Aufträge ausmacht? Dass er ihn zum unglücklichsten, erbärmlichsten, geplagtesten und gedemütigtsten Geschöpf degradiert? Dass Er den Verstand[189] zum unheilvollsten und finstersten Folterwerkzeug überhaupt verwandelt, die doch in Wirklichkeit ein überaus gesegnetes, lichtvolles Instrument der Glückseligkeit und ein Geschenk der Weisheit Gottes ist? Dass Er dadurch Seiner absoluten Weisheit gegenüber vollkommen widersprüchlich handelt und ganz und gar entgegen Seiner absoluten Barmherzigkeit agiert? Nein, mitnichten! Der Allweise Eine wählte unter all Seinen Geschöpfen den Menschen als universellen Ansprechpartner aus und machte ihn zu einem umfassenden Spiegel Seiner Selbst, wodurch Er ihn sämtliche Kostbarkeiten der Schatzkammer Seiner Barmherzigkeit kosten, abwägen und erkennen lässt. Er tut sich dem Menschen mit Seinen sämtlichen Namen kund.[190] Er liebt den Menschen und lässt sich von ihm lieb gewinnen. Ist es überhaupt sinnvoll, dass Er ihn nach alledem in Seine ewige Heimat nicht entsendet, in den Ort der unvergänglichen Glückseligkeit nicht einlädt und ihn schließlich unglücklich macht?[191] [192]

---

sagten: ‚Werft euch vor Adam nieder!' Da warfen sie sich alle nieder bis auf Iblīs; er weigerte sich und war hochmütig. Und er war der Ungläubigen einer."

189 Siehe auch das sechste Wort, dritter Gewinn.

190 Vgl. El-Baqara 2:31.

191 Vgl. el-Baqara 2:221.

192 Dieser Paragraf wurde aus der Elften Wahrheit (im Original zehnte Wahrheit) übernommen.

Von der Allegorie zur Wahrheit

Kurzum: Erinnere dich daran, dass wir uns den Personalausweis und den Dienstzettel des Offiziers in unserer Allegorie anschauten und feststellten, dass sein Dienstgrad, sein Auftrag, seine Gehaltsstufe, seine Handlungsprinzipien und seine Ausrüstung eindeutig dafür sprachen, dass der Offizier nicht geschickt wurde, damit er an jenem vergänglichen Übungsgelände verweilt, sondern seine Arbeit gilt für ein nichtwandelbares Reich[193]. Und genauso richten sich die Arbeiten der göttlichen Feinheiten[194] vom Personalausweis des Herzens sowie der Ausrüstung des Wahrnehmungsvermögens und der Potenziale im Dienstzettel des Verstandes allesamt und einander unterstützend an das unendliche Glück. Für das unendliche Glück wurden sie verliehen und entsprechend wurden sie ausgerüstet. Gründliche Forscher des Verstandes[195] und spirituelle Entdecker des Herzens[196] stimmen mit dieser Tatsache einmütig überein.

---

193 Vgl. El-Furqān 25:26.
194 *laṭīfe/laṭā'if.*
195 *ehl et-tahqīq:* In der islamischen Literatur werden Menschen ihrem Wissensgrad entsprechend in zwei Kategorien eingeteilt: *ehl et-taqlīd,* die Nachahmenden, deren Wissen nicht auf ihren eigenen Forschungen, sondern auf denen anderer Forscher beruht, und *ehl et-tahqīq,* die selbstständigen, gründlichen Forscher.
196 *ehl el-keschf:* spirituelle Entdecker des Herzens, die neue Erkenntnisse erwerben.

Diese vergängliche Welt kann selbst das Vorstellungsvermögen nicht befriedigen

Stell dir vor, man würde seiner Vorstellungskraft, die ja dem Verstand Ideen abbildet und ihm zu Diensten steht, suggerieren, sie werde über eine Million Jahre lang über königlichen Luxus und Vergnügungen sowie die Herrschaft dieser Welt verfügen, aber schließlich für immer und ewig vernichtet werden. Die Vorstellungskraft würde sich darauf nicht freuen, sondern mit einem tiefen Seufzer der Verzweiflung reagieren, es sei denn, sie täuscht sich durch Einbildungen und Beeinflussungen des *nefs*. Das heißt, dass das allergrößte Vergängliche (eine Million Jahre Herrschaft dieser Welt im Glück) nicht in der Lage ist, das kleinste Werkzeug und die winzigste Ausrüstung des Menschen (d. h. die Vorstellungskraft) zufriedenzustellen.

Gerade dieses Potenzial und diese Veranlagung des Menschen – seine Wünsche, die sich bis in die Ewigkeit ausdehnen, seine Gedanken, die die Gesamtheit der Schöpfung umarmen und seine Sehnsüchte nach all den unterschiedlichen Formen ewiger Glückseligkeit – beweisen, dass der Mensch für die Ewigkeit erschaffen wurde und auch tatsächlich in die Ewigkeit reisen wird. Diese Welt ist für ihn wie ein Gasthaus, wie ein Wartezimmer des Jenseits.

Resümee

Der Allmächtige Eine belebt das gestorbene und ausgetrocknete weite Land unserer Erde wieder. In dieser Wiederbelebung bewirkt Er die Wiederversammlung Hunderttausender Arten der Geschöpfe und verbreitet sie auf der Erde, von denen jede einzelne so außergewöhnlich ist wie die Wiederversammlung der Menschen. Auf diese Weise zeigt Er Seine Macht.

Der Allwissende Eine zeigt Sein umfassendes Wissen in diesem äußerst großen Durcheinander der Wiederversammlung und Verbreitung, indem Er jede Art voneinander unterscheidet und sie einzigartig macht.

Der Allweise Eine lenkt die Aufmerksamkeit all Seiner Diener auf die ewige Glückseligkeit, indem Er in all Seinen himmlischen Dekreten die Wiederauferstehung des Menschen verheißt.

Indem Er all Seine Geschöpfe veranlasst, Kopf an Kopf[197], Schulter an Schulter, Hand in Hand zusammenzuarbeiten, sich im Wirkungskreis Seiner Weisung und Seines Willens bewegend sich gegenseitig zu unterstützen und zu gehorchen, zeigt Er die Größe Seiner Rabb-Heit. Indem Er den Menschen als umfassendste, feinste, lieblichste, verwöhnteste und ehrerbietigste Frucht des Schöpfungsbaums[198] erschafft, ihn Sich zum Ansprechpartner nimmt und ihm alles zu seinen Diensten stellt, zeigt Er, welch großen Wert Er dem Menschen beimisst. Ist es vorstellbar, dass solch ein Barmherzig Allmächtiger und Weiser Allwissender die Auferstehung nicht herbeiführen wird, die Wiederversammlung nicht bewirken wird und bewirken kann, den Menschen nicht wiederbeleben wird oder wiederbeleben kann, für ihn

---

197 Der Lehrmeister führt in seinem Werk „Hutbe-i Şamiye" diesen Ausdruck aus: Die Steine einer Kuppel halten „Kopf an Kopf" zusammen, sodass sie sich gegenseitig unterstützen und die Kuppel nicht zusammenfällt.

198 *şecere-i kâinat.*

die Höchste Gerichtsverhandlung nicht einberufen kann und das Paradies und die Hölle nicht erschaffen kann? Nein, mitnichten![199]

199 Im Original: Zehntes Wort, Neunte Wahrheit.

Abschlussszene der Allegorie[200]

SCHAU! AUF DER GROSSEN, SCHON AUS WEITER FERNE sichtbaren Versammlung macht derselbe edle, mit vielen Auszeichnungen geschmückte ehrwürdige Adjutant, den wir kürzlich auf der Insel [in der fünften Bildszene] sahen, einen Erlass. Lass uns dorthin gehen und ihm zuhören.

Dieser strahlende, überaus großmütige Adjutant verkündet der Versammlung einen königlichen Erlass, der hoch über ihm hängt. Er sagt:

„Bereitet euch vor, ihr werdet in ein anderes, ewig währendes Reich gehen, ein Reich, im Vergleich zu dem euch dieses Reich wie ein Kerker erscheinen wird. Ihr werdet zum Sitz der Herrschaft eures Königs gehen und dort sein Mitgefühl und seine Wohltaten empfangen, wenn ihr euch nur an diesen Erlass haltet und ihm Folge leistet. Lehnt ihr euch aber auf und handelt ihm zuwider, werdet ihr in schreckliche Kerker geworfen."

So lautet die Botschaft, die er verkündet. Wenn du dir den Erlass anschaust, wirst du sehen, dass er ein wunderbares, unnachahmliches Siegel trägt. Jeder, der sich von

---

200 Der Lehrmeister behandelt die Wahrheit der Offenbarung und der Gesandtschaft im zehnten Wort an verschiedenen Stellen. Während in den achten und neunten Wahrheiten die Offenbarung und die Gesandschaft im Allgemeinen behandelt werden, wird in diesem Abschnitt die Prophetenschaft Muhammeds (Frieden und Segen seien mit ihm) und die Offenbarung des Korans besonders hervorgehoben. Bediuzzaman bezeichnet diese Wahrheit vom Propheten Muhammed und dem Koran als unwiderlegbares Argument und sagt: „Nun aber will ich dir ein unwiderlegbares Argument vorführen, der stärker ist als alle zwölf Bildszenen zusammen."

halsstarrigen und aufsässigen Menschen, wie du einer bist, fernhält, weiß mit Sicherheit, dass der Erlass vom König stammt. Außerdem trägt der ehrwürdige Adjutant so glänzende Auszeichnungen, dass jeder, mit Ausnahme derer, die so blind sind wie du, mit Gewissheit versteht, dass er der vertrauenswürdige Dolmetscher der Anordnungen des Königs ist.

Bietet denn die Lehre der Überführung von einem Reich ins andere, die der ehrwürdige Adjutant über den ihm überreichten höchsten Erlass voller Überzeugung vertritt, überhaupt einen Ansatz zur Kritik? Nein, das tut sie nicht – es sei denn, wir leugnen alles, was wir bisher gesehen haben.

Abschlusswahrheit der Allegorie: Über den Propheten und die Gesandschaft

Sie ist das Tor der Gesandtschaft Muhammeds (Frieden und Segen seien mit ihm) und der Offenbarung des Korans, die Reflexionen des Satzes „Im Namen Gottes, des Allerbarmers, des Allbarmherzigen".

[Der Adjutant des Königs in der Bildszene steht für den Propheten Muhammed (Frieden und Segen seien mit ihm) und der Erlass für den weisen Koran. Der Prophet verkündet den Erlass, in dem der Weg zum Jenseits und das Tor zum Paradies ausführlich definiert wurden.]

Des Weiteren wurden die diesbezüglichen Anordnungen des Erlasses mit Wundern der Propheten bestätigt, mit spirituellen Entdeckungen und wundersamen Gnadengaben der Gottesfreunde bekräftigt, mit den gründlichen wissenschaftlichen Forschungen der „Reinen Gelehrten" bezeugt und mit Tausenden belegten Wundern des Propheten Muhammed (Frieden und Segen seien mit ihm) begründet. Ja, sie basieren auf Tausenden Versen des glorreichen Korans, dessen Wundersamkeit sich aus vierzig Perspektiven beweisen lässt.

Wie können nun die leeren und sinnlosen Einbildungen, die schwächer sind als selbst ein Flügel einer Mücke, sich anmaßen, den Weg zum Jenseits und das Tor zum Paradies zu verschließen?

Exkurs über die Funktion der Gesandtschaft und Prophetenschaft[201]

In der Allegorie war von einem überaus großmütigen Adjutanten die Rede. Wir haben darauf hingewiesen, dass jeder, der nicht blind ist und seine Auszeichnungen und Orden sieht, anerkennen muss, dass er der Generaladjutant des Königs ist und seinen Weisungen gemäß handelt. Dieser überaus großmütige Adjutant versinnbildlicht den großmütigsten Gesandten Gottes (Friede und Segen seien mit ihm).

Ja so wie das Ausstrahlen von Licht für eine Sonne unentbehrlich ist, so ist es auch unentbehrlich, dass ein derartig heiliger, kunstvoller Schöpfer, der so ein wunderschönes Universum erschaffen hat, einen dermaßen großmütigen Gesandten schickt.

Denn so wie eine Sonne ohne Licht unvorstellbar ist, so ist ebenfalls unvorstellbar, dass das „Gottsein"[202] keine Gesandten entsendet, um sich zu zeigen.

Bekanntgeber der Schönheit

Ist es denn vorstellbar, dass eine Schönheit in absoluter Vollkommenheit nicht den Willen hat, sich durch einen demonstrierenden und bekannt-gebenden Mittler zu zeigen?

---

201 ursprünglich das Zweite Zeichen.
202 *Ulûhiyet.*

Öffentlicher Ausrufer der Kunstfertigkeit

Ist es vorstellbar, dass die vollkommene Kunstfertigkeit unendlicher Schönheit nicht den Willen hat, sich durch einen öffentlichen Ausrufer[203] bekannt zu machen, der die Aufmerksamkeit der Blicke auf sie lenkt?

Zweiflügeliger Abgesandter; universeller Diener und Gesandter zugleich

Ist es vorstellbar, dass die allumfassende Souveränität einer universellen Rabb-Heit das Kundtun Seiner *Einheit* und *Unabhängigkeit* bzw. Unabdingbarkeit[204] in den unterschiedlichen Dimensionen und Klassen der *Vielheit und der Partikularität*[205] [der Schöpfung] mittels eines zweiflügeligen (zweidimensionalen) Abgesandten nicht fordert? Das heißt sowie diese Person hinsichtlich seiner universellen Dienerschaft, also Abdheit, als Botschafter der Dimensionen und Klassen der Vielheit [der Schöpfung] vor der Pforte Gottes fungiert, so amtiert er hinsichtlich seiner Gottesnähe und seiner Gesandtschaft ebenfalls als Beauftragter [des Schöpfers] für die Dimensionen und Klassen der Vielheit.[206]

---

203 Āl ʿImrān 3:193: „Unser Herr! Wir haben wahrlich einen Rufer gehört, der zum Glauben aufgerufen hat: ‚Glaubt an euren Herrn!' Und so haben wir geglaubt. Unser Herr, so vergib uns unsere Schuld, und bedecke unsere üblen Taten, und reihe uns nach unserem Tod bei Dir unter die wirklich Rechtschaffenen und Tugendhaften ein."
204 *vahdâniyet ve samedâniyet.*
205 *kesret ve cüz'iyat tabakatı.*
206 Somit amtiert der Prophet als Vermittler zwischen der Einheit Gottes und der Vielheit der Schöpfung. Als Teil der Vielheit der Schöpfung übt er eine universelle Dienerschaft aus, die die ganze

Liebling Gottes und Liebgewinner Gottes

Ist es vorstellbar, dass der Eine, der eine *Schönheit per se* im höchsten Maß besitzt, die Vorzüglichkeiten Seiner Ansehnlichkeiten und die Feinheiten Seiner Schönheit in den Spiegeln [der Schöpfung] nicht sehen und zeigen will? Das heißt, Er sieht und zeigt sich durch einen Geliebten Gesandten. Diese Person ist einerseits Liebling Gottes, der durch seine Dienerschaft die Liebe des Schöpfers gewinnt und als Sein Spiegel dient, andererseits Gesandter Gottes, der Ihn Seinen Geschöpfen liebgewinnen lässt, indem er die Schönheit Seiner Namen zeigt.

Aufklärender Juwelier – Fachkundiger Vorführer

Ist es denn vorstellbar, dass ein Eigentümer von Schätzen voller Wunder, eigentümlicher und wertvoller Dinge nicht seine verborgene Vollkommenheit darlegen will, indem Er diese durch einen meisterhaft aufklärenden Juwelier und einen fachkundig ausstellenden Vorführer der Aufmerksamkeit der Geschöpfe präsentiert und sie ihnen durch dieses Vorbild offenlegt?

Gottesdienste der Schöpfung vor der Pforte des Schöpfers präsentiert. Andererseits ist er der Abgesandte des Einen Schöpfers an die Dimensionen und Klassen der Vielheit der Schöpfung. Er ist beauftragt, die Einheit und Unabhängigkeit des Schöpfers öffentlich zu den Geschöpfen zu deklarieren.

Wegweisender Lehrmeister

Ist es denn vorstellbar, dass Er das Universum – einem Palast gleich – mit Kunstwerken schmückt, welche die Vollkommenheit seiner Namen ausdrücken, und für diesen Ort der Ausstellung voller origineller und filigraner Künste keinen wegweisenden Lehrmeister bestimmt?

Der Löser des Rätsels der Schöpfung

Ist es denn vorstellbar, dass der Eigentümer dieses Universums das schwer begreifliche Rätsel, welches Auskunft über den Zweck und das Ziel der Veränderungen in diesem Universum gibt, und die Rätselhaftigkeit der drei schwierigen Fragen des ganzen Seins „Von wo?“, „Wohin?“ und „Wo gehörst du hin?“ mittels eines Botschafters nicht lösen lässt?

Der Übermittler des Wohlgefallens Gottes

- Der majestätische Schöpfer macht Sich den Bewusstseinswesen mittels Seiner kunstfertigen Schöpfung bekannt und lässt Sich durch Seine wertvollen Gnadengaben liebgewinnen. Ist es denn vorstellbar, dass Er im Gegenzug zu Seiner Liebgewinnung und Bekanntmachung den Bewusstseinswesen durch einen Gesandten nicht übermittelt, welche Verhaltensweisen und Handlungen Seinem Wohlgefallen entsprechen und was Seine Erwartungen ausmachen?

Wegweiser zur Einheit

Gott hat das Bewusstsein des Menschen so erschaffen, dass der Mensch der Vielfalt verfallen ist. Gleichzeitig ist er jedoch mit dem Potenzial ausgestattet, eine universelle Gottesdienerschaft zu leisten. Ist es denn vorstellbar, dass Gott dabei nicht den Willen hat, den Menschen mithilfe eines Lehrers und Wegweisers von der Vielfalt ab- und der Einheit zuzuwenden?

Daneben erfüllt das Prophetentum zahlreiche weitere Funktionen, von denen jede einzelne ein unumstößliches Argument dafür liefert, dass das Gottsein[207] die Gesandtschaft bedingt.

Ist denn sonst je einer erschienen, der all die aufgeführten Eigenschaften mehr umfasste und der für all diese Aufgaben bessere Kompetenzen aufwies als Muhammed (Frieden und Segen seien mit ihm)? Zeigt uns die Geschichte jemals eine würdigere und geeignetere Person für den Rang der Gesandtschaft und für die Aufgabe des Botschafters (Gottes)? Nein, mitnichten! Er ist der noble Meister aller Gesandten, der Imam aller Propheten, der Haupt aller reinen Gelehrten, der Nächste aller Gottnächsten, der Vollkommenste aller Geschöpfe und der Sultan aller rechtleitenden Lehrmeister.

Abgesehen von den nahezu tausend Wundern, wie die Spaltung des Mondes[208] und das Fließen von Wasser aus

---

207 *Uluhiyet.*

208 Buchārī, menāqib 27, menāqibu ʾl-anṣār 36, tefsīru Sure (54) 1; Muslim, munāfiqūn 43-48.

seinen Fingern[209], und den unzähligen Beweisen seiner Prophetenschaft sind sich die tiefgründig forschenden Gelehrten darin einig, dass solch ein Ozean der Wahrheiten, ein solch großes Wunder aus vierzig Gesichtspunkten wie der erhabene Koran als Beleg für die Gesandtschaft vollkommen ausreichend ist, genauso wie die Sonne für ihre eigene Existenz. Weil die annähernd vierzig verschiedenen Aspekte des Wunders des Koran in anderen Abhandlungen und insbesondere im Fünfundzwanzigsten Wort erläutert wurden, wollen wir uns ihnen hier nicht weiter widmen. [Ende des Exkurses] Wie können nun die leeren und sinnlosen Einbildungen, die schwächer sind als selbst ein Flügel einer Mücke, sich anmaßen, den Weg zum Jenseits und das Tor zum Paradies zu verschließen?

209 Buchārī, menāqib 25, maġāzī 35; Muslim, faḍā'il 6, 7, imāra 72, 73.

Beweise der Existenz Gottes und des Jenseits

Die Wahrheiten, die wir bislang erörtert haben, zeigen somit, dass es sich bei der Wiederauferstehung und dem Leben nach dem Tod um eine so tief verwurzelte Wahrheit handelt, dass selbst eine Macht, die in der Lage wäre, die Erde emporzuheben, sie zu zerschmettern und wegzuwerfen, sie nicht erschüttern könnte. Denn Gott, der Allmächtige, selbst festigt sie als notwendige Konsequenz all Seiner Namen und Attribute; Sein edler Gesandter Muhammed (Friede und Segen seien mit ihm) bestätigt sie mit all seinen Wundern und unwiderlegbaren Beweisführungen; der weise Koran belegt sie mit all seinen Wahrheiten, Versen und Zeichen. Das ganze Sein legt schließlich mit all den lesbaren schöpfungsbezogenen, kosmogonischen Zeichen und Versen und weisheitsorientierten, sinnreichen Zeitereignissen, die sich in ihm abspielen, Zeugnis von der Wiederauferstehung ab.

Die notwendige Existenz[210] (also der Schöpfer) und die Gesamtheit der Schöpfung – die Verkenner ausgenommen – stimmen im Thema der Wiederauferstehung überein. Ist es dann überhaupt möglich, dass Zweifel und teuflische

---

210 *wādschib ul-wudschūd:* In der islamischen Philosophie gibt es drei große Kategorien des Seins/der Existenzen:
- *mumkin ul-wudschūd* (Wesen, deren Existenz grundsätzlich möglich ist, die aber nicht zwangsläufig existieren müssen),
- *mumtaniʿ el-wudschūd* (Wesen, deren Existenz unmöglich ist) und
- *wādschib ul-wudschūd* (Wesen, das existieren muss).

Diese Begriffe wurden von Ibn Sina (Avicenna, gest. 1037) systematisiert.

Einflüsterungen, die nicht einmal die Aussagekraft eines Härchens besitzen, diese tief verwurzelte, erhabene und felsenfeste Wahrheit erschüttern und sie entwurzeln? Nein, mitnichten!

Zurück zum Hauptgleichnis

Hüte dich davor, die Beweisführungen für den Übergang der Schöpfung aus einem Reich in das andere auf diese zwölf Wahrheiten beschränkt zu sehen! Es gibt unzählige Indizien und Beweise, und alle zeigen, dass dieses unbeständige, sich im Wandel befindliche Königreich in ein immerwährendes und unvergängliches Reich überführt wird. Daneben gibt es eine riesige Anzahl von Hinweisen und Merkmalen dafür, dass die Menschen aus diesem vergänglichen Gästehaus fortgebracht und zum ewigen Sitz der Herrschaft über die gesamte Schöpfung geschickt werden.[211] „Nun, mein Freund, ist die Reihe zu sprechen an dir. Sag, was du zu sagen hast!"

„Was soll ich schon sagen? Was könnte ich vorbringen, um all dem zu widersprechen? Wer könnte gegen die Mittagssonne anreden? Ich sage nur: Gepriesen sei Gott! Hunderttausend Dank dafür, dass ich von der Despotie der Einbildung und der Lust und Laune sowie der Gefangenschaft des *nefs* und der Gelüste und somit vom ewigen Gefängnis und Kerker befreit wurde. Nun glaube ich, dass

---

211 Alles, was sich dem Gesetz der *Vervollkommnung* unterordnet, erfährt Wachstum und Entwicklung. Alles, was wächst und sich entwickelt, hat eine natürliche Lebensspanne. Eine Lebensspanne setzt eine natürliche Todesstunde voraus. Durch eine umfassende Induktion steht fest, dass Sichentwickelnde dem Niedergang nicht entkommen können. Wie der Mensch ein Universum im Kleinen ist und den Krallen des Todes nicht entkommen kann, so ist das Universum ein Mensch im Großen und kann dem Tod nicht entkommen. *Siehe* Nursi, Bediuzzaman Said, *Nuqta (1925)*: 3. Station und erster Punkt.

es einen Ort der Glückseligkeit in der Nähe des Königs gibt – fern von diesem konfusen und unbeständigen Gästehaus."[212]

Die koranischen Beweise des Lebens nach dem Tod sind zahlreich

Du sollst allerdings nicht annehmen, dass sich die Beweise für die Wiederauferstehung auf die von uns erörterten zwölf Wahrheiten beschränken. Allein der weise Koran, der uns diese zwölf Wahrheiten lehrt, weist auf Tausende weitere Aspekte dieses Themas hin. Jeder einzelne dieser Aspekte ist ein starkes Indiz dafür, dass uns unser Schöpfer von diesem vergänglichen Ort weg hin zu einem ewigen Aufenthaltsort führen wird.

Die Namen Gottes, die das Jenseits erfordern, sind nicht beschränkt

Denke des Weiteren nicht, dass die Namen Gottes, die die Wiederauferstehung nach dem Tod erfordern, auf die von uns erörterten Namen *der Weise, der Großzügige, der Barmherzige, der Gerechte* und *der Bewahrer* beschränkt sind. Vielmehr bedingen alle Namen Gottes, die bei der umsichtigen Verwaltung dieses Universums reflektiert werden, das Jenseits. Sie machen das Jenseits notwendig.

---

212 An dieser Stelle endet unsere Allegorie, die auf die Wahrheit der Wiederauferstehung und des Jenseits hinweist.

Auch die schöpfungsbezogenen, kosmogonischen Zeichen sind unzählig

Du sollst dich auch nicht der Vorstellung hingeben, dass sich die kosmogonischen, schöpfungsbezogenen Zeichen und Verse dieses Seins für die Wiederauferstehung auf die oben ausgeführten Beweisführungen beschränken. Ganz im Gegenteil: Beim Großteil der Schöpfung gibt es Aspekte und Qualitäten eines Phänomens, die auf die Existenz des kunstfertigen Schöpfers hinweisen, während andere auf das Leben nach dem Tod schließen lassen. Es verhält sich wie zwei Vorhänge [eines Fensters], die sich nach rechts und links öffnen: Während die *kunstvolle Erschaffung* des Menschen im besten und wertvollsten Bilde den kunstfertigen Erschaffer zeigt, demonstriert der *jähe Verfall* des Menschen trotz seiner umfassenden Potenziale und Fähigkeiten, die diesem schönsten Bild innewohnen, die Wiederauferstehung und das Leben nach dem Tod.

Es kann aber ab und zu sein, dass ein einzelnes Phänomen sowohl auf den Schöpfer als auch auf die Wiederauferstehung hindeutet, wenn man es aus zwei verschiedenen Blickwinkeln heraus betrachtet. Wenn man sich beispielsweise das Anordnen der *Weisheit*, das Verschönern der *Gunst*, das Ausbalancieren der *Gerechtigkeit*, das Auszeichnen der *Barmherzigkeit*, die in den meisten Dingen zu sehen sind, anschaut, dann erkennt man, dass die Beschaffenheiten, die Washeiten [dieser Handlungen] zeigen, dass sie aus der Hand der Macht eines weisen, großzügigen, ausgeglichenen, gerechten und barmherzigen Erschaffers stammen. Wenn man in ähnlicher Weise einerseits die *Stärke und Grenzen-*

losigkeit dieser Eigenschaften und Namen und andererseits *die Unwichtigkeit und Kurzlebigkeit der vergänglichen Geschöpfe*, in denen sich diese Namen widerspiegeln, in Betracht zieht, erscheint vor unseren Augen das Jenseits.

Abschließende Zusammenfassung

Die hier vorgestellten zwölf Wahrheiten unterstützen, ergänzen und stärken einander. All diese kommen zusammen zu einer einzigen Wahrheit und führen zum selben Ergebnis. Kann es irgendeinen Zweifel geben, der dazu in der Lage ist, jene zwölf festen Mauern, von denen jede wie aus Stahl oder aus Diamanten ist, zu durchdringen und den Glauben an die Wiederauferstehung, der im Bergfried innewohnt, zu erschüttern?

Die Wiederauferstehung im Verhältnis zur Allmacht Gottes

Der Vers „Eure Erschaffung und eure Auferstehung werden nicht anders sein als (die Erschaffung und Auferstehung) eines einzigen Wesens“[213] sagt aus, dass die Erschaffung, die Wiederauferstehung und Wiederversammlung aller Menschen im Verhältnis zur Macht Gottes so einfach ist, wie die Erschaffung, Wiederauferstehung und Wiederversammlung[214] eines einzigen Menschen. Ja, so ist es tatsächlich. Ich habe die Wahrheit, welche dieser Vers in Bezug auf die Wiederauferstehung ausdrückt, in einer Abhandlung mit dem Titel „Punkt“[215] ausführlich beschrieben. Wir werden hier nur anhand einiger Gleichnisse auf die Zusammenfassung verweisen. Wenn du wünschst, kannst du auf jenen „Punkt“ zurückgreifen.

Das Prinzip des Strahlens

Zum Beispiel – und eigentlich „gebührt Gott das höchste Beispiel und Gleichnis“[216], dennoch gibt es in folgenden

---

213 Sure *Luqmān 31:28.*
214 *haschr:* Wiederauferstehung und Wiederversammlung. Das Wort *haschr* hat zwei Bedeutungen: Der eine ist die Wiederversammlung der Menschen und Tiere am Wiederversammlungsort, dem Jüngsten Gericht. Der andere die Wiederzusammensetzung des Menschen aus den Partikeln, in die er zerfallen ist.
215 *Nuqta.*
216 Bzw. das höchste Gleichnis. Sure *Nahl* 16:60, Gott gebührt das *argumentum a fortiori:* Wenn Gottes Eigenschaften mit den Eigenschaften der Geschöpfe in Vergleich gesetzt werden, ist immer davon auszugehen, dass Gottes Eigenschaften unvergleichbar erhaben

Beispielen hoffentlich keine Fehler oder Makel: Gemäß dem *Prinzip des Strahlens*[217] lässt die Sonne ihr Abbild in einer einzigen Partikel reflektieren. Auch in unzähligen transparenten Objekten lässt sie ihr Abbild mit derselben Leichtigkeit reflektieren. Die Leichtigkeit würde sich auch nicht ändern, wenn sie ein autonomes, mit freiem Willen agierendes Wesen wäre.

Das Prinzip der Transparenz

Durch das *Prinzip der Transparenz*[218] gleicht die Pupille einer kleinsten transparenten Partikel – was das Reflektieren des Abbildes der Sonne betrifft – der riesigen Oberfläche eines Ozeans [, der Pupille der Erde]. Egal, ob auf der Oberfläche des Ozeans oder in einem einzelnen Tropfen Wasser – stets wird dieselbe Sonne reflektiert. Wenn die Erde aus verschiedenen Glasstücken geformt worden wäre, wäre die ganze Sonne sowohl in jedem von ihnen als auch auf der ganzen Erdoberfläche reflektiert worden, ohne dass diese Reflexionen sich gegenseitig beeinträchtigt, bemängelt oder geteilt hätten. Wäre die Sonne ein unabhängiges bewusstes Wesen[219], das die erforderliche Willenskraft besitzt, um ihr Licht reflektieren zu lassen, fiele es ihr nicht schwerer, die gesamte Erde im Licht erstrahlen zu lassen oder in ihr widergespiegelt zu werden, als einer einzelnen Partikel Licht zu

---

gegenüber dem sind, was mit Seinen Eigenschaften verglichen wird; vergleiche auch: Sure *Rūm* 30:27.

217 *nuraniyet sırrı.*

218 *şeffafiyet sırrı.*

219 *fail-i muhtar.*

spenden oder in ihr reflektiert zu werden. [Denn dies liegt dem *Prinzip der Transparenz* zugrunde.][220]

Das Prinzip der Ordnung

Ein Kind kann mit seinem Finger eine Dreadnought (Kriegsschiff) genauso leicht steuern wie ein Spielzeugschiff. Dies liegt dem *Prinzip der Ordnung*[221] zugrunde. [Ein riesiges Schiff lässt sich ebenso leicht wie ein kleines Spielzeug steuern, da es über ein System der Ordnung verfügt, bei dem alle Einzelteile aufeinander abgestimmt sind, was ein unkompliziertes Manövrieren gestattet.]

Das Prinzip der Gehorsamkeit

Wie ein Kommandeur mit dem Befehl „Marsch!" einen einzelnen Soldaten in Bewegung setzt, so kann er mit demselben „Marsch!" auch ein ganzes Heer in Bewegung setzen. Dies liegt dem *Prinzip der Gehorsamkeit*[222] zugrunde. [Wenn ein Feldherr seiner Armee den Marschbefehl gibt, setzen sich daraufhin unterschiedslos alle seine Soldaten in Bewegung; die unteren Ränge ebenso wie die oberen Ränge, die Reiter ebenso wie die Infanterie. Anstatt jedem Soldaten einzeln den Marschbefehl zu geben, genügt dieser einzige Marschbefehl für alle Soldaten. Wie groß die Armee ist, spielt in diesem Zusammenhang keine Rolle. Dies

---

220 Der Lehrmeister führt dieses Beispiel im 29. Wort detailliert aus.
221 *intizam sırrı.*
222 *imtisal sırrı.*

liegt daran, dass alle Soldaten seinem Befehl mit absolutem Gehorsam folgen.[223]]

Das Prinzip des Gleichgewichts

Stellen wir uns einmal eine Waage am Weltraum vor. Eine Waage, die dermaßen zuverlässig[224] und sensibel ist, sodass sie zwei Walnüsse in ihren Waagschalen spüren vermag. Weiterhin ist sie so groß, dass sie zwei Sonnen räumlich fassen und abwiegen vermag. [Wir nehmen an, dass sowohl die Walnüsse als auch die Sonnen jeweils gleich schwer sind, sodass die Waagschalen im Gleichgewicht sind.] Mit einer bestimmten Kraft kann eine der Walnüsse in ihrer Waag-

---

223 Aus „Kleine Briefe": Hier ist vom Prinzip des Gehorsams die Rede. In dieser Allegorie werden die Himmel und die Erde mit einer Armee verglichen, deren Soldaten die Himmelskörper bzw. die Atome sind. Dieses Prinzip und diese Allegorie gehen ebenfalls auf den Koran zurück, in dem Gott sagt: *„Und Er wandte (Sein Wissen, Seinen Willen, Seine Macht und Seine Gnade) zum Himmel, als der gleich einer Wolke (aus Gas) war, und befahl ihm und der Erde: „Kommt doch herbei, ihr beiden, bereitwillig oder widerwillig!" Sie sagten: „Wir sind in bereitwilligem Gehorsam herbeigekommen."* (41:11) Es wird erläutert, warum Gottes Macht nicht teilbar ist. Die Erschaffung eines Teilchens beansprucht nicht mehr und nicht weniger von Gottes Macht als die Erschaffung des ganzen Universums. Für Seine Macht spielen Quantitäten wie klein oder groß, mehr oder wenig keine Rolle. Weiterhin steht im Koran geschrieben: Eure Erschaffung und eure Auferstehung werden nicht anders sein als (die Erschaffung und Auferstehung) eines einzigen Wesens. Diese Wahrheit behandelt Bediuzzaman an mehreren Stellen des Risale-i Nur anhand von sechs Prinzipien: Transparenz, Entgegnung, Gleichgewicht, Ordnung, Abstraktion und Gehorsam. In diesem Brief stellt er uns das Gehorsamsprinzip vor."

224 *hakiki.*

schale in den Himmel emporgehoben und die andere Walnuss auf den Boden gesenkt werden. Befinden sich nun zwei Sonnen in den Waagschalen, vermag dieselbe Kraft eine der Sonnen in den obersten Himmel emporheben und die andere auf den Boden senken. [Die Größe der angewandten Kraft ist in beiden Fällen unwichtig.] Denn dies liegt dem *Prinzip des Gleichgewichts*[225] zugrunde.[226]

---

225 *muvazene sırrı.*

226 Man stelle sich einmal vor, ein Paar von Dingen - zwei Sonnen, zwei Sterne, zwei Berge, zwei Eier oder zwei Partikel - mit einer äußerst präzisen Waage wiegen zu müssen. Jede andere Kraft, die auf die Waagschalen einwirkt, so gering sie auch wäre, würde ausreichen, um das Gleichgewicht zu stören. Die Existenz Gottes ist eine Tatsache und wahr. Würde Er nicht existieren, gäbe es nichts. Seine Existenz ist die wahre Existenz. Alles andere kam erst dann ins Dasein, als Er es erschaffen hat. Aus diesem Grund bezeichnen wir Seine Existenz als *wādjibu'l-wudjūd* - Er ist die notwendige Existenz. Daraus leiten sich drei Kategorien des Seins ab:

- *wādjibu'l-wudjūd* - der notwendigerweise Existente, der existieren muss: Gott.
- *mumtenī'u'l-wudjūd* - die unmöglicherweise Existenten, Wesen, die nicht existieren können. Es können nicht mehrere Götter existieren, denn der Koran sagt: „Tatsache ist doch, wenn es in den Himmeln und auf Erden irgendwelche Gottheiten außer Gott gäbe, dann wären (diese) beiden (Sphären) gewiss ins Verderben geraten" (El-'Enbiyā', 21:22).
- *mumkinu'l-wudjūd* - die möglicherweise Existenten, Wesen, deren Existenz grundsätzlich möglich ist. Zu dieser Kategorie gehören alle Geschöpfe.

Es gibt also mehrere Arten der Existenz, verschiedene Kategorien von *wudjūd*-Welten.

Der, der den Kosmos erschaffen hat, ist eben notwendigerweise existent. Seine Existenz ist essenziell, ohne Anfang und ohne Ende. Seine Nichtexistenz hingegen ist unmöglich. Er ist auf der stärksten, vorzüglichsten, verwurzeltsten und sichersten Ebene der Existenz. Die anderen Ebenen der Existenz sind in Relation zu Seiner Existenz ein ziemlich schwacher Schatten. Im Vergleich zum notwendigerweise Existenten sind alle anderen wahren, erschaffenen Daseinsformen derart leicht und schwach, dass Gelehrte wie Muhyīddīn ibn ʿArabī, alle anderen Ebenen der Existenz für Einbildungen und Trugbilder hielten und sie *lā mewdjūde īllā hū* (nichts Existentes außer Ihm) nannten. Sie schlussfolgerten, dass es im Vergleich zum notwendigerweise Existenten nicht angebracht sei, andere Dinge als existent zu bezeichnen. Im Vergleich zur Kraft des essenziellen notwendigerweise Existenten sind alle anderen, später ins Dasein gekommenen vergänglichen Lebensformen letzten Endes nur ganz schwach und leicht. All diese Seelen am Jüngsten Tag wieder zur Auferstehung zu bringen, ist für Ihn so leicht, wie für einen Baum im Frühjahr zu blühen und Früchte hervorzubringen. (Diesen Gedanken führt der Lehrmeister im *Zwanzigsten Brief* seines Werks „*Die Briefe*" weiter aus. Interessierte können sich seiner Lektüre widmen.)

Gott ist allmächtig aufgrund Seiner notwendigen Existenz

Betrachtet man den *notwendig Existenten* aus dieser vergleichenden Perspektive, erschließt sich uns das Geheimnis der Allmacht Gottes. Stellen wir uns eine Balkenwaage mit zwei Waagschalen vor. Sie ist so groß, dass sie sogar Sterne wiegen könnte, und so fein, dass sie einen Gewichtsunterschied von einem Atom messen könnte. Nehmen wir nun an, wir legten zwei gleich schwere Walnüsse auf die Waagschalen. Wenn wir in eine der beiden Waagschalen jetzt noch einen Kürbiskern legten, würde die Waage sich zu dieser Seite hin neigen. Das Gleiche würde passieren, wenn wir zwei gleich schwere Berge wiegen und ebenfalls auf einer Seite einen Kürbiskern dazulegen würden. Auch hier würde sich diese Seite der Waage neigen. Das Gleichgewicht wird durch dieselbe Kraft (den Kürbiskern) gestört - bei den Walnüssen wie bei den Bergen. Es macht also keinen Unterschied, ob die Gegenstände groß oder klein sind. Was soll uns dieses Beispiel zeigen? Es veranschaulicht unsere Aussage zu den drei Kategorien des Seins: Bei möglichen Geschöpfen ist weder ihre Existenz notwendig noch ihre Nichtexistenz. Ihre Existenz und ihre Nichtexistenz sind ebenbürtig, wie die beiden gleich belasteten Seiten einer Waage. Aus diesem Grund können sich die *möglicherweise existenten Wesen* weder selbst erschaffen noch sich selbst

Angesichts der Macht Gottes sind viel und wenig, groß und klein gleich

Da nun in dieser gewöhnlichen, mangelhaften und vergänglichen Welt der *möglichen Existenzen*[227] das größte Ding mit dem kleinsten Ding durch die Prinzipien des Strahlens, der Transparenz, der Ordnung, der Gehorsamkeit und des Gleichgewichts im äquivalenten Verhältnis stehen und die unzähligen Dinge wie ein einziges Ding erscheinen, so wird Gott erst Recht alle Menschen [so leicht] wie einen einzigen Menschen mit einem Trompetenruf zur Wiederversammlung auferstehen lassen. Denn durch das Prinzip der *strahlenden* Reflexionen Seiner persönlichen, grenzenlosen und vollkommenen Macht,

- durch das Prinzip der *Transparenz* der Gott zugewandten, metaphysischen Seite der Geschöpfe[228],

---

vernichten. Deshalb bedürfen sie einer stärkeren Existenz, einer gefestigten Daseinsform, einer äußeren Kraft, die ihre Existenz verursachen oder beenden kann: Gott der Erhabene, der notwendig Existente. Viel oder wenig, groß oder klein spielt für Ihn bei dieser Entscheidung keine Rolle. Er kann nach Gutdünken die riesige und empfindliche Waage in die eine oder andere Richtung neigen lassen, und dabei spielt der Inhalt der Waagschalen, groß oder klein, viel oder wenig, keine Rolle – Er ist das „Zünglein an der Waage".

227 *dāire-i mümkināt:* Der islamischen Theologie zufolge hat das Sein zwei Kreise. Der erste Kreis ist der Kreis des Möglichen. In diesem Kreis kann etwas existieren oder auch nicht. Dies bedeutet, dass seine Existenz nicht zwingend notwendig ist. Anders gesagt steht seine Existenz und Nichtexistenz im Gleichgewicht (50: 50), also im Bereich des Möglichen. Alle Dinge und Lebewesen außer Gott befinden sich in diesem Kreis, da ihre Existenz möglich und von Gottes Existenz abhängig ist. Solche Wesen werden als „mögliche Existenzen" bezeichnet.

228 *melekutiyet-i eşya:* ein koranischer Begriff, den der Lehrmeis-

- durch das Prinzip der *Ordnung* der Weisheit und der Bestimmung des Vorwissens Gottes *(qader)*,
- durch das Prinzip der vollkommenen *Gehorsamkeit* des Seins an die *schöpfungsbezogenen Anweisungen Gottes*[229]
- und durch das Prinzip des *Gleichgewichts* der Mög-

ter aufgreift, siehe Koranvers: El-Enʿām *6:75, El-Muʾminūn 23:88.* Die Geschöpfe haben dem Lehrmeister zufolge zwei Ebenen/Dimensionen. Die eine Dimension ist die materielle *(mülk ciheti),* die andere die immaterielle Dimension *(melekutiyet ciheti).* Diese Ebene des Seins ist rein, transparent, immateriell bzw. metaphysisch und unmittelbar Gott zugewandt.

229 *ewāmir-i tekwīniye*: schöpfungsbezogene Anweisungen. Gott erteilt Seine Weisungen in der Schöpfung auf zweierlei Art und Weise: zum einen durch *evāmir-i tekvīniye* und zum anderen durch *evāmir-i teşrīiye*, d. h. durch gesetzgebende, ethische und rechtliche Anweisungen bzw. Normen. Gottes auf die Prozesse der Schöpfung bezogene Gesetze und Prinzipien *(evāmir-i tekvīniye)* umfassen beispielsweise die Entstehung eines Embryos, das Gravitationsgesetz und das Aufkeimen einer Pflanze sowie auch die Entstehung und das Verlöschen eines Himmelskörpers. Gemeint sind also alle Gesetze, die für den Erhalt des Universums unabdingbar sind und darunter Fallen auch alle (empirisch) beobachtbaren und erfassbaren Gesetze. Die Naturwissenschaften beschäftigen sich mit den schöpfungsbezogenen Anweisungen Gottes. Alle Geschehnisse dieser Art unterliegen diesen Gesetzen und gehorchen den Anweisungen und dem Willen Gottes. Sie folgen zum Teil sichtbaren und zum Teil nicht auf den ersten Blick erkennbaren Prinzipien und laufen folglich nicht willkürlich und zufällig ab. Die *evāmir-i teşrīiye* hingegen werden den Menschen durch Offenbarungen an die Propheten mitgeteilt. Jeder Gesandte, dem ein Buch gegeben wurde, hat diese ethischen und rechtlichen Anweisungen durch das Wort Gottes empfangen. Während die schöpfungsbezogenen Anweisungen ihren Ursprung in der Macht *(kudret)* Gottes haben, entspringen die gesetzgebenden, ethischen und rechtlichen Anweisungen aus dem „Gespräch" *(kelam)* Gottes.

lichkeit der Existenz und der Nichtexistenz bei den *möglichen Existenzen*

sind viel und wenig, groß und klein für Ihn gleich.

Gottes Macht ist absolut und essenziell (wesenseigen)

Der Grad der Stärke und Schwäche [der Eigenschaft] eines Dings wird dadurch bestimmt, wie stark sie von ihrem Gegenteil beeinträchtigt wird. Beispielsweise wird der Grad der Wärme durch das Eindringen und den Einfluss der Kälte, der Stufe der Schönheit durch das Einwirken der Hässlichkeit und die Stärke (Intensität) der Leuchtkraft durch die Einmischung der Dunkelheit bestimmt. Wenn jedoch eine Eigenschaft als absolut essenziell gilt[230] und nicht relativ und akzidentell[231] ist, kann dessen Gegenteil ihn nicht beeinflussen, denn sonst würden zwei gegenteilige absolute Eigenschaften in einem Ding auftreten[232]. Dies ist schier unmöglich. Somit kann geschlussfolgert werden, dass bei einer absoluten Eigenschaft keine Abstufung existiert.

Die Macht des Absolut Allmächtigen Einen ist essenziell und absolut, nicht relativ und akzidentell wie die Macht der *möglichen Existenzen*[233], sondern absolut vollkommen[234]. Die

---

230 *zâtî.*

231 *ârızî.*

232 *cem-i zıddeyn: Die Zusammenkunft zwei gegensätzlicher, absoluter Eigenschaften in einem Ding bzw. in einer Person.*

233 *mumkinat*: die Möglichen. Damit sind die *möglichen Existenzen* gemeint, seien es Dinge oder Ereignisse.

234 *kemâl-i mutlak.*

das Gegenteil darstellende Schwäche bzw. Machtlosigkeit ist überhaupt nicht vorstellbar und nicht möglich, denn sie kann nicht [auf die absolute Macht] einwirken. Deshalb ist die Erschaffung des Frühlings für den Allgewaltigen Glorreichen Einen ebenso leicht wie das Hervorbringen einer einzigen Blume.[235] Würde man dies den materiellen Ursachen oder Kausalitäten – und nicht Gott – zuschreiben, wäre die Erschaffung einer Blume genauso schwer wie die des Frühlings. Gleichermaßen ist das Wiederbeleben und Wiederversammeln aller Menschen genauso einfach und leicht wie das Wiederbeleben eines Menschen/*nefs*.

Alles, was wir bis zu diesem Punkt anhand von Bildszenen der Allegorie und den in ihnen enthaltenen Wahrheiten zum Thema Wiederauferstehung gesagt haben, entspringt der Leuchtkraft und dem Überquellen[236] des weisen Korans. Alles zielte darauf ab, das *nefs* darauf einzustimmen, sich ihr hinzugeben, und das Herz darauf vorzubereiten, sie anzunehmen. Das wahre Wort steht aber dem Koran zu. Denn der Koran ist „das Wort" und ihm gehört das Wort. Lasst uns ihn anhören:

---

235 Er-Rūm 30:27: „Er ist es, der die Schöpfung zunächst ins Dasein ruft und sie darauf (in der Welt) wieder erstehen lässt und sie (im Jenseits) zurückbringen wird: Und dieses (Wiedererstehenlassen und Zurückbringen) ist leichter für Ihn. Was für eine Eigenschaft der Erhabenheit es in den Himmeln und auf Erden auch gibt (Existenz, Leben, Kraft, Wissen, Großzügigkeit, Macht etc.), so trifft sie auf Ihn in höchstem Maße zu, und Er ist der Ruhmreiche von unwiderstehlicher Macht, der Weise."

236 *feyz: überquellen einer Quelle.*

Einige beweisführende und deskriptive Verse des Korans zum Leben nach dem Tode

- Sprich: „(Im Gegensatz zu dem, was ihr behauptet) ist bei Gott die letztendliche, überzeugende Beweisführung." (El-Enʿām 6:149)
- So schau doch auf die Spuren von Gottes Barmherzigkeit – wie Er die Erde wiederbelebt nach ihrem Tod. Ganz gewiss ist Er es, der die Toten (auf ähnliche Weise) wiedererwecken wird. Er hat volle Macht über alle Dinge. (Er-Rūm 30:50)
- Und er [der Mensch] prägt ein Gleichnis für Uns [Gott], wobei er seinen eigenen Ursprung und seine Erschaffung vergisst und sagt: „Wer wird diese Knochen lebendig machen, nachdem sie zerfallen sind?" Sprich: „Er, der sie zum ersten Mal hervorgebracht hat, wird sie lebendig machen. Er besitzt volles Wissen um (jede Form und Art und Möglichkeit) der Schöpfung (und von allem, was Er erschaffen hat, kennt Er jede Einzelheit in jeglicher Dimension von Zeit und Raum)." (Yā. Sīn 36:78 – 79)
- O ihr Menschen! Hütet euch vor Ungehorsam gegen Gott in Ehrfurcht vor Ihm und in Frömmigkeit, und sucht Schutz bei Ihm. (Vergesst niemals,) die Erschütterung der Stunde ist etwas Gewaltiges. An dem Tag, an dem ihr es sehen werdet, wird jede stillende Mutter ihren Säugling aus Furcht völlig vergessen, und jede Schwangere wird ihre Bürde fallen lassen. Und du wirst

alle Menschen sich aufführen sehen, als seien sie von Sinnen, während sie in Wirklichkeit ihrer Sinne mächtig sind. Dies ist, weil Gottes Strafe überaus streng ist. (El-Ḥādjj 22:1 – 2)

- Gott, es gibt keine Gottheit außer Ihm. Er wird euch gewiss alle zusammenführen am Tag der Auferstehung, über (dessen Kommen) es keinen Zweifel gibt. Und wer könnte wahrhaftiger sein als Gott (in der) Aussage? (En-Nisā' 4:87)
- Die Tugendhaften und Rechtschaffenen werden fürwahr in (den Gärten) der ewig währenden Glückseligkeit sein; während die (Ungläubigen) ohne Scham, die Zügellosen, wahrlich in den lodernden Flammen sein werden (El-Infiṭār 82:13 – 14)
- Wenn die Erde bebt in heftigem Beben, wie es ihr bestimmt ist; Und die Erde ihre Lasten herauswirft; Und der Mensch ausruft: „Was ist nur los mit ihr?" – An diesem Tag wird sie von all ihrem Geschehen berichten, So wie dein Herr es ihr eingegeben hat. An diesem Tag werden alle Menschen in unterschiedlichen Gruppen hervorkommen, damit ihnen ihre Taten gezeigt werden (die sie in dieser Welt vollbracht haben). Und so wird derjenige, der Gutes im Gewicht eines Stäubchens tut, es sehen; Und derjenige, der Böses im Gewicht eines Stäubchens getan hat, wird es sehen. (Ez-Zilzāl 99:1 – 8)
- Das plötzliche, gewaltige Verhängnis! Was ist das plötzliche, gewaltige Verhängnis? Was lässt dich wissen, was das plötzliche, gewaltige Verhängnis ist? Am Tag (an dem es eintritt) werden die Menschen wie Motten

sein, die umherflattern; Und die Berge werden wie zerpflückte Wollflocken sein. Und dann wird demjenigen, dessen Waagschalen schwer sind (vom Glauben und von guten Werken), ein Leben in Zufriedenheit beschieden sein; Doch derjenige, dessen Waagschalen leicht sind (weil es ihm an Glauben und annehmbaren guten Werken mangelt), der wird seine Heimstätte in einer Grube ohne Boden haben. Was lässt dich wissen, was das ist? Es ist ein Feuer, das glühend heiß brennt. (El-Qāriʿa 101:1 – 11)

- Und Gott gehört (die absolute Herrschaft und volles Wissen um) das Unsichtbare in den Himmeln und auf Erden, und die Angelegenheit der Stunde (des Untergangs) ist (im Hinblick auf die Macht Gottes) nurmehr ein kurzer Augenblick, oder sogar noch weniger. Wahrlich, Gott hat volle Macht über alle Dinge. (En-Naḥl 16:77)

Lass uns weitere dieser klaren Zeichen und Verse des Korans anhören und sagen: „Wir glauben und bestätigen."

Glaubensbekenntnis

Ich glaube an Gott, Seine Engel, Seine Bücher, Seine Gesandten, den Letzten Tag und die Bestimmung des Vorwissens Gottes*; ich glaube daran, dass alles Gute oder Schlechte kommt (wie es in Seinem Wissen aufgezeichnet und von Ihm erschaffen wurde). Die Wiederauferstehung nach dem Tod ist wahr, das Paradies ist wahr, das Höllenfeuer ist wahr, die Fürsprache (am Letzten Tag) ist wahr, und Munkar und Nakir (die befragenden Engel, die zu den Toten kommen, um sie über* *ihren Glauben und ihre Taten in dieser Welt zu verhören) sind wahr, und Gott wird diejenigen, die in den Gräbern liegen, mit Sicherheit auferwecken. Ich bezeuge, dass es keine Gottheit außer Gott gibt, und ich bezeuge, dass Muhammed der Gesandte Gottes ist.*

O Gott! Segne den Gottesbewusstesten, den Edelsten, den am meisten Verehrten, den Vollkommensten und die schönste Frucht Deiner Barmherzigkeit, die wie ein gesegneter Baum im ganzen Universum geblüht hat, den Du als eine Barmherzigkeit für alle Welten und als ein Mittel für uns gesandt hast, um die verzierteste, die schönste, die leuchtendste und die erhabenste Frucht jenes ‚Baums' zu erlangen, der bis ins Jenseits, das heißt bis ins Paradies reicht. Gott! Bewahre uns und unsere Eltern vor dem Höllenfeuer und führe uns und unsere Eltern zusammen mit den Geläuterten und Frommen um Deines erwählten Propheten willen ins Paradies! Amen!

Allerletzte Anmerkung

Liebe Geschwister, die ihr diese Abhandlung sorgfältig und mit aufgeschlossenem Verstand lest! Sagt nicht: „Warum kann ich dieses Zehnte Wort nicht in all seinen Einzelheiten verstehen?", und fühlt euch nicht dadurch gelangweilt, dass ihr nicht in der Lage gewesen seid, es beim ersten Versuch vollständig zu begreifen! Sogar ein Meister der Philosophie wie Ibn Sina (Avicenna, gest. 1037 n. Chr.) kam zu dem Urteil, dass die Wiederauferstehung mit rationalen Kriterien nicht zu fassen sei und wir deshalb an sie glauben müssen, zumal der Verstand gar keinen Weg zu ihr finden kann.

So gut wie alle islamischen Gelehrten haben die Meinung vertreten, dass die Wiederauferstehung nach dem Tod ein Gegenstand des *tradierten, vertrauenswürdigen Wissens*[237] ist, dass ihr Beweis das übermittelte, wahre Wissen ist und dass sie nicht durch den Verstand erfasst werden kann. Daher kann ein dermaßen tiefgründiger und spirituell so erhabener Weg [des Verstandes zur Erkenntnis der Wiederauferstehung nach dem Tod] nicht einfach zu einem „Boulevard" der Vernunft[238] gemacht werden [, auf der jeder mühelos voranschreiten kann].

Wir müssen tausend Dank aussprechen, dass Gott mit Seiner Barmherzigkeit und mit dem Überquellen des weisen Korans diesen tiefgründigen und erhabenen Weg in diesen Zeiten in diesem Grade geebnet hat. Eine Zeit, in der

---

237 *naql.*
238 *cadde-i umumiye-i akliye.*

das blinde Nachahmen [des Glaubens] verblendet und die vertrauensvolle Hingabe [an die Glaubensgrundlagen] verdorben wurde. Denn dies reicht aus, unseren Glauben zu retten. Wir müssen uns an dem, was wir verstanden haben, erfreuen und uns durch wiederholte und tiefgründige Auseinandersetzung weiterhin bemühen, unser Verständnis diesbezüglich zu steigern.

Einer der verborgenen Gründe, warum die *größte Wiederauferstehung und Wiederversammlung* nicht mit bloßer [Natur] Vernunft[239] verstanden werden kann, ist folgender:

Da die größte Wiederauferstehung durch die Reflexion des *größten Namens Gottes*[240] herbeigeführt wird, kann sie erst durch das Sehen und Zeigen der *gewaltigen Handlungen*[241] Gottes, die durch die Reflexion des *größten Namens* und die größten und gewaltigsten Reflexionsstufen jedes einzelnen Seiner Namen sichtbar werden, so leicht wie das Herannahen des nächsten Frühlings festgestellt, mit Gewissheit erkannt und mit begründetem Glauben bestätigt werden. Durch das Überquellen des Korans wird im *Zehnten Wort* genau auf diese Weise erkannt und demonstriert.

Andernfalls, wenn die bloße [Natur] Vernunft mit ihren kleinlichen und beschränkten Prinzipien auf sich allein gestellt ist, bleibt sie unfähig, [die Wiederauferstehung und

---

239 Der Lehrmeister differenziert an anderen Stellen zwischen der irdischen Vernunft *(akl-ı dünyevi)* und der himmlischen, erleuchteten Vernunft *(akl-ı uhrevi/münevver)*, wie es auch in der islamischen Gelehrsamkeit und Philosophie oft geschieht. Wir haben in diesem Kontext die bloße Vernunft, die unabhängig von der Offenbarungsvernunft denkt, als Naturvernunft bezeichnet.

240 *İsm-i Âzam.*

241 *ef'âl-i azîme.*

Wiederversammlung nach dem Tod zu begreifen,] und ist auf die *Übernahme*[242] [des tradierten, vertrauenswürdigen Wissens] angewiesen.

242 *taklid.*